ネパール女性の社会参加と識字教育

生活世界に基づいた学びの実践

長岡智寿子
Nagaoka Chizuko

明石書店

はじめに

　夕刻、女性たちが薄暗く灯ったランプを囲み、テキストに書かれた文字を音読していた。子どもを抱えながら懸命にエンピツを握る女性もいた。そこは、教室といえるような机や椅子が並ぶ空間ではなく、冷たい床に筵が敷かれただけの民家の一室であり、ネパール語の読み書きを学ぶために、近隣に暮らす女性たちが集っていた。彼女たちの真剣な眼差しから、女性が学ぶことに伴う困難さを感じずにはいられなかった。1993年3月、筆者が初めてネパールを訪れた時のことである。ネパールへの訪問は、1990年の国際識字年（International Literacy Year）に関連し、当時、携わっていたボランティア活動を通じ、アジアの識字教育の現場を訪問する機会を得たことによる。

　1990年代初頭のネパールは、都市部を中心にあらゆる物事が変化しはじめていた。1990年に国内の政治体制が民主主義体制に移行し、世界規模のグローバリゼーションの下で、急速に都市化が進んでいた。当時の首都カトマンドゥ市内は、車の排気ガスで大気汚染が著しい現在とは大きく異なり、走行する車の台数も少なく、タクシーがようやく走りはじめたことについて、人々が興味深く話していたことを覚えている。経済活動のみならず、市民運動や各種メディアによる報道規制、人々の自由な表現活動も活発に展開し始めていた。インターネット上で自由に情報配信が可能な今日からは到底考えられないが、1990年までのネパールでは、パンチャーヤット体制（1960～1990年）の下で、国民の社会活動や表現活動、集会、結社等が固く禁じられていたからである。

　時を同じくして、教育開発政策における国際的な動向も新しい方向性の下で動き出していた。今日では「EFA運動」として展開される基礎教育の普及、推進を目指す動きは、1990年にタイのジョムチェンで開催された教育世界会議において、「万人のための教育（Education for All、以下EFA）」という基礎教育の拡充を目指す指針が提起されたことを起点とする。その主要概念は、初等教育の完全普及、識字教育、生涯学習という三つの主要活動分野から構成

され、子どもから大人まで、すべての人の学習ニーズを満たすための「拡大された基礎教育の機会」を示すものである。

　ネパール政府もこのような国際社会の動きに準拠し、初等教育の普及、推進とともに、"Literacy for Women's Empowerment"とするスローガンを掲げ、成人女性のための識字教育事業を展開してきた。そのねらいは、ネパール語の読み書きを習得することを通して、生活の向上や女性の社会参加を促進することである。その結果、近年の15歳以上の成人の識字率は、男性75.2％、女性51.9％と報告され、一定の成果がみられている（Unesco Kathmandu, 2015）。

　昨今の女子教育の推進や女性の社会進出を考慮すれば、国際的な見地からも女性が学ぶことについて異論を唱える余地はないであろう。しかし、ジェンダーの視点からネパールの人々の暮らしを分析すれば、様々な場面における男女間の差異が明らかになってくる。それは、日常生活の中の様々な慣習、また、学校生活や社会活動等の状況下において垣間見られる。その時々の状況や場面において、男女の違いにより求められる行動規範や役割が人々の生活や活動に制約を強いることになる。宗教に基づく伝統的慣習やカーストによる差別等も複合的に絡む中で、とりわけ、女性の社会参加はなおも困難な状況にあるといえる。

　ところで、女性の社会参加とはどのようなことを意味するのであろうか。かつて、筆者が識字教育に取り組んだ村の女性たちは、家事や育児の傍ら農作業もこなし、農閑期には近くのレンガ工場で現金収入を得るために懸命に働いていた。女性であり、読み書きができないということから、条件の悪い仕事にしか就けないことを彼女たちは把握していた。しかし、何もせずに現状を受けとめているのではなく、携帯電話を活用して会話を楽しんだり、数字が読めない女性は、あらかじめ番号が登録されたボタンを操作し、ラジオ放送を聴いて情報収集をしていた。読み書きができなくとも、情報にアクセスする多様な地平が確実に広がってきているのである。また、ある女性は、「役所に行き、（自分の名前を）書くことができた」と満面の笑顔で語っていた。「村の女に文字は要らない」とまで言われてきたはずなのに、自分自身の力で行動することが可

能になったのである。これらの例は、人は年齢に関係なく、何らかの目標に向かって可能性を見出すことができれば、ささやかでも日常生活を営む原動力になることを物語ってはいないだろうか。つまり、社会に参加することとは、単に労働の場に従事することだけでなく、自身の力で意思決定を含め行動していくことに他ならない。文字の読み書き能力にとどまらない、広義のリテラシー活動として、その展開に着目することが求められよう。

　さて、先述のとおり、1990年は基礎教育の拡充をめぐる国際教育開発政策の転換期であり、同時にネパール社会においても政治体制が大きく方向転換をすることになる節目の年であった。民主化により、各種メディアによる報道の規制緩和、人々による集会、結社をめぐる活動、表現の自由など、人々は、自身の想いや考えを自由に表現することが可能となったのである。そのような社会の変化に合わせるかのように、グローバルな視点で開発政策も転換していった。メディアを駆使した教育開発政策も国際援助機関や民間の援助団体等の支援により、様々な手法で新たな取り組みが展開されてきている。

　しかし、多様なアプローチが取り組まれているものの、識字教育事業に関わる政策立案者や研究者らの評価には大きな変化はみられない。非識字状態に置かれている女性たちについて、「周囲（自分の居住している地域周辺）の知識に乏しい」「すぐに（学習を）やめてしまう」（CERID, 1996、UNICEF & NPC, HMG, 1996）、「学んだことをすぐに忘れてしまい、再び元の非識字状態に戻ってしまう」（Commings & Shrestha, 1995他）とし、全面的にプログラムが定着しない原因を女性たちの学習意欲の低さによるものとする記述が散見される。現実には、女性たちは自分たちが居住する地域の情報に精通している。例えば、市場での野菜の販売などを通して、文字習得の範囲を超えた学びを日常生活の中で実践しており、決して学習意欲そのものが低いわけではないと考える。識字教育において追求されるねらいは、識字率の向上に加え、これまで学習の機会を奪われてきた人々に対して、積極的に社会参加を促すことにある。途上国の教育開発政策に詳しいストリート（Street, 2001b）によれば、「学習に参加する人々の日常生活に埋め込まれた社会的実践を省みずに識字教

育事業を行ったとしても、参加者のエンパワメントや雇用促進、また上昇志向を導くものではない」(Street, 2001b, pp.1-15)と指摘している。社会参加のための「機会の平等」を謳った政策が強調されているが、彼らが地域社会の中でどのような状況に置かれているのか、社会全体の枠組みの中で構造的に捉えていくことが必要である。本書では現地調査により得られたデータを手がかりに、これまでの数値評価に偏った調査報告に代わる識字教育の質的な側面を明らかにすることを試みる。

具体的な構成としては、第1章にて、これまでの国際社会における開発政策の経緯を辿りながら、開発途上国における教育開発政策の全体的動向を把握する。第2章ではネパールの教育開発政策の展開について、文化的、社会的背景にも触れながら、その歴史的経緯を概観する。第3章では、1950年代から現代に至るまでの教育開発政策について確認する。第4章では、学校外教育として実施されているノンフォーマル教育プログラムの現状と課題について、そのアプローチを中心に分析する。第5章では、識字教育に参加した女性たちの生活世界への接近を試みる。参与観察、インタビュー記録をもとに、女性たちが読み書きの学習をどのように意味づけているか（解釈しているか）を考察する。そして、第6章では、女性たちが読み書き学習に取り組み、その後、どのように活動を展開してきているのか、また、昨今のメディアを活用した教育支援活動の展開も合わせて事例研究を検討する。第7章では、本研究で得られた知見をもとにネパールの教育開発政策を振り返り、今後の識字教育事業に求められる示唆を提示する。

ネパールをめぐっては、2015年4月25日、カトマンドゥ盆地を中心に発生した大地震（M7.9）が、多くの死傷者や歴史的建造物の倒壊等、甚大な被害をもたらしたことは人々の記憶に新しい。ヒマラヤ山脈の麓に位置するこの国は、かねてから、近い将来に大規模な地震の発生が予知されており、専門家らによる科学的根拠に基づいた災害への対策が指摘されていた。しかし、防災への対策は着手されることなく、大地震はカトマンドゥ盆地を直撃する大惨事となってしまった。自然災害に対し、人間ができることはあまりに小さく、無力

はじめに

なものにすぎないのかもしれない。しかし、このような時こそ、農村に暮らす女性たちが取り組んだ共同学習の経験を活かし、生活の再建に向けた手立てについて、共に考えていくことの必要性を痛感した次第である。

　大地震の翌月、2015年5月には韓国の仁川（インチョン）で開催された世界教育フォーラムにて、持続可能な開発のための教育（ESD：Education for Sustainable Development）が重要であることが示された。また、同年9月の国連総会では、2030年までに世界が克服すべき17の目標「持続可能な開発目標（SDGs：Sustainable Development for Goals）」が定められた。環境、貧困、飢饉、福祉、健康、衛生、人権、ジェンダー、平等などさまざまな課題が含まれるが、自然災害に対する防災活動も取り組むべき課題の一つである。ネパール政府においても、大地震からの復興を急ぐ中で、「持続可能な開発目標」の教育に関する第4目標「教育の質や公平性を保障し、すべての人々に生涯学習の機会を促進すること」を念頭においた教育開発政策が取り組まれている。とりわけ、大震災以降、生活の再建に向けて就労を求める女性たちが増しており、これまで以上に識字教育の必要性が高まっていることは事実である。

　人々の生活の中で文字の読み書きがどのような意味を持つことになるのか、本書はそのような疑問に答えようと奔走してきた筆者なりの研究成果である。

目　次

ネパール女性の社会参加と識字教育
生活世界に基づいた学びの実践

はじめに　3

第1章　開発政策における識字教育 …………………………………15
第1節　国際社会における開発政策の歴史的経緯 ……………………16
1.1　「近代化論」重視の開発政策　16
1.2　女性の存在に注目する開発政策　〜WIDからGADへ〜　17
1.3　人間の発展を中心とする人間開発主義へ　19
第2節　「教育」それ自体の開発政策について ……………………20
2.1　「万人のための教育 (EFA)」世界会議の取り組み　20
2.2　「ダカールEFA行動枠組み」〜ジョムチェンからダカールへ〜　22
2.3　2030年に向けた課題　25
第3節　教育開発政策に寄せられる批判 ……………………………28
3.1　開発言説が及ぼす政治力　28
3.2　教育開発政策における今日的課題　29
第4節　先行研究の検討 ………………………………………………31
4.1　開発途上国における識字教育のアプローチの変遷　31
4.2　開発理論の変容と識字論の変容について　33
4.3　識字教育をめぐる調査研究　〜「イデオロギー・アプローチ」と「リサーチ・アプローチ」〜　36

第2章　ネパール：文化的・社会的背景 …………………………41
第1節　地理的背景 ……………………………………………………42
第2節　歴史的背景　〜政治的な流れにおいて〜 …………………43
2.1　第1期：ネパール王国の成立期　44
2.2　第2期：専制政治時代　44
2.3　第3期：パンチャーヤット体制期　45
2.4　第4期：不安的な民主主義体制　46
第3節　文化的背景 ……………………………………………………48
3.1　多様な民族と言語状況　48
3.2　ネパール化政策と言語使用状況　51

        3.3　カーストによる社会構造　53
　　第4節　開発の担い手＝NGOの存在について ………………………… 55
        4.1　ネパールのNGOとは　55
        4.2　NGOをめぐる批判と課題　57

第3章　ネパールの教育開発政策の動向 ……………………… 59
　　第1節　第1期：開国期と近代国民国家の建設に向けて
　　　　　　（1951〜1970年）……………………………………………… 60
　　第2節　第2期：新教育計画の実施とその反省（1971〜1980年）…… 61
　　第3節　第3期：人間開発主義への移行期（1981〜1990年）………… 62
　　第4節　第4期：民主化以降の教育開発
　　　　　　〜基礎教育重視の教育政策へ〜 ………………………………… 63
　　第5節　基礎初等教育の現在　〜1990年代を振り返って〜 …………… 64

第4章　ノンフォーマル教育プログラムについて ……………… 71
　　第1節　ネパールにおけるノンフォーマル教育プログラム …………… 73
　　第2節　識字教育のアプローチの検討 …………………………………… 75
　　第3節　新たな取り組み　〜多様なアプローチの検討〜 ……………… 78
　　第4節　教育支援策としてのノンフォーマル教育プログラムの可能性 … 80

第5章　学習者の生活世界への接近
　　　　　〜インタビュー調査を踏まえて〜 ………………………………… 83
　　第1節　問題の所在 ………………………………………………………… 84
　　第2節　先行研究の検討 …………………………………………………… 85
　　第3節　調査の概要 ………………………………………………………… 91
        3.1　調査地域について　91
        3.2　調査方法と調査対象者について　92
        3.3　調査対象地域で行われていた識字クラスについて　96

第4節　分析枠組みについて ………………………………… 97
　　4.1　学習者（＝女性たち）の「立場性」について　100
　　4.2　「エンパワメント」の捉え方について　103
　　4.3　インフォーマントとの関係性について　105
第5節　変容するネパール社会 ……………………………… 107
　　5.1　調査地区周辺の社会・文化的側面の変容　110
　　5.2　女性たちの視角から ～語りの中の共通点～　111
第6節　低位カースト層の女性の事例 ……………………… 115
　　6.1　「カースト」概念はどのように捉えられてきたのか　115
　　　　──「低位カースト」＝空間忌避される存在
　　　　──「同じ人間」であることの問いかけ
　　6.2　識字クラスにどのように関わってきたのか　121
　　　　──「識字クラスに参加すること」＝仕事をおろそかにすること
　　6.3　識字クラス参加後の女性たちの変化　125
　　　　──払拭されない無力感
　　　　──外に向けられた変革
　　　　──もうひとつの主体的な動き：内に向けられた変革
　　　　　～二人の娘を産んでから～
第7節　高位カースト層の女性の事例 ……………………… 137
　　7.1　恵まれた人間関係の中で　137
　　　　──識字クラス開設の背景
　　7.2　識字クラスへの関わり方および周囲の反応　140
　　7.3　識字クラス終了後の変化　141
　　　　──自分の本当の姿へ
　　　　──迷いと葛藤の中で
第8節　考察 …………………………………………………… 148
　　8.1　受け止められ方に相違があること　148
　　8.2　異なる前提条件　151
　　8.3　底辺社会の相克 ～変化の途上において～　152
　　8.4　調査対象となった女性たちを取り巻く意味空間の変容　154
　　8.5　「立場性」に変革を迫る識字教育　156

第6章　女性、識字と開発をめぐる事例研究
　　　～グローバリゼーションの下での生涯学習～ ……………… 159
第1節　生活世界に基づいた学びの実践 ……………………………… 161
　　1.1　読み書きの学びに参加した女性たちの「生活世界」　161
　　　　1.1.1　女性たちの背景
　　　　1.1.2　変容する「生活世界」～グローバル化の過程で～
　　1.2　生活課題としての読み書き　164
　　　　1.2.1　日常生活との関係性を求めて
　　　　1.2.2　インフォーマルな教えをもとに
　　　　　　　～「自分のプラクティス」を考えること～
　　1.3　まとめ　167
　　　　1.3.1　「生活世界」を守ることの意味
　　　　1.3.2　グローバル化する社会情勢下における生涯学習の課題
　　　　　　　～生活の中から培われた「知」の再確認～
第2節　女性、識字と開発　～ネパールの女性たちの活動の事例～ …… 169
　　2.1　ネパールにおける識字教育政策の展開　173
　　2.2　先行研究の検討と本研究の課題　174
　　　　2.2.1　識字プログラムの問題点
　　　　2.2.2　多様な識字の存在について　～ニューリテラシー論の視点～
　　2.3　事例検討　176
　　　　2.3.1　インフォーマルな経済活動を通して
　　　　2.3.2　評価されない活動
　　2.4　まとめ　181
第3節　ラジオ放送を活用した農村女性のための
　　　　　リテラシープログラム …………………………………………… 182
　　3.1　女性を対象にしたノンフォーマル教育　183
　　3.2　ラジオ放送を活用した社会開発の動向　185
　　3.3　CR放送を活用したポスト・リテラシープログラム　186
　　　　3.3.1　プログラムの概要
　　　　3.3.2　基礎コースを実施するに際して
　　　　3.3.3　ラジオ放送学習について
　　　　3.3.4　学習後の変化

3.4 まとめにかえて　194

第7章　再考：女性が文字を学ぶこと ……………………… 201
第1節　ネパールの教育開発政策を振り返って ……………………… 202
第2節　今後のノンフォーマル教育プログラムについて ……………… 204
第3節　残された課題 ……………………………………………… 206

おわりに　211

引用・参考文献　217

第1章

開発政策における識字教育

●ヒマラヤを望む（筆者撮影）

基礎初等教育が人間にとって欠かすことのできない権利であるという人間の基本的ニーズ（Basic Human Needs、以下BHN）に対する承認は、今日では疑問の余地のないこととして受け入れられてきている。また、開発途上諸国における女性を対象にした識字教育活動が、女性を含めて社会の発展につながる主要な取り組みであることも言うまでもないであろう。

　本章では、国際社会における開発戦略の歴史的な経緯を概観しながら、現代における人間中心主義に基づく開発政策の中で、識字教育を含む基礎初等教育に求められる意義を確認し、開発途上国を舞台にした識字教育について先行研究をもとに検討する。

第1節　国際社会における開発政策の歴史的経緯

　今日、世界規模のグローバリゼーションの進行により、国境を越える権力の生成と国家としての制度や組織の組み替えをもたらされ、教育の問題も新たな編成を余儀なくされている。教育をめぐる動向は、社会の政治経済機能と密接な相互依存関係にあることが、より顕在化してきている（上村, 2000）。開発と教育をめぐる言説も、よりグローバルな権力に取り込まれながら、新たな方向に展開しはじめている。しかし、突如として開発をめぐる議論が浮上してきたのではない。特に、社会基盤のインフラ整備における開発概念の進展については、第一に、「近代化論」重視の時代、第二に、BHN重視の時代、第三に、人間開発重視の時代に大別することができる。ここでは、国際社会が求める開発戦略の中で、識字教育を含めた基礎初等教育政策が人間の開発にとって必要不可欠であるという視点に到達するまでの流れを概観する。

1.1　「近代化論」重視の開発政策

　1950年代の植民地政策下における「開発」とは、「経済成長」、および「近代化」と同義語として考えられており、そこでは、西洋の進んだ技術、制度、価値観の導入により、「遅れた」開発途上国がいかに短期間で「進んだ」西洋

社会に変容できるかという考え方が念頭に置かれていた。そして、第二次世界大戦後から1960年代後半にかけての旧植民地の独立が相次ぐ中においても、国の発展は経済的発展のみであるとする発想が開発途上国の開発計画に関わる人々の間で支持されていたのである（田中, 1997）。その基盤となったのは、経済学者のロストウ（Rostow, W.W.）が提起した「発展段階説」であった。彼が主張する「発展段階説」とは、農業を経済基盤とする閉鎖的な伝統社会が工業を経済基盤とする近代社会へと移行するための条件を五つの段階に分けて提起するものであった。そして、その変化の過程を「離陸（take-off）」とし、非欧米的要素を吸収し、人間社会全体を欧米化させて編成し直していく過程を離陸の条件としたのである[1]。

　他方、農業経済学者のシュルツ（Schultz, T.）の「人的資源論（manpower theory）」は、経済学の新古典派アプローチとして、米国を中心に脚光を浴びた。それは、人的資本の基本的な要素である教育と健康への投資が、人々の知識やスキルを向上させ、その結果、生産性を高め、経済成長に導くとする理論である。このマンパワー理論に基づいて、開発途上諸国における教育援助政策が本格化した1970年代を中心に、人的資源開発の立場から学校施設の拡充や、技術教育、職業訓練の強化が行われていった。しかし、その背後で次第に近代化論への批判が顕在化しはじめ、従属理論や近代世界システム論[2]と合わせて、経済的側面からの批判が活発になっていった。

1.2　女性の存在に注目する開発政策　～WIDからGADへ～

　近代化論に立脚した女性をめぐる開発政策は、「開発と女性（Women in Development）」（以下WID）として、1970年代に開発学と女性学を理論母胎として成立し、1975年の「国際女性年（International Women's Year）」以来、特に欧米のリベラル・フェミニズムに理論的基礎を置き、新たな開発政策の領域を開拓していった。WIDの最初の提唱者であるボズラップ（Boserup）は、途上国の農業生産における女性の労働力の不可視化を強調し、開発の影響が男女で異なっている事実に着目した。そして、その原因を女性が開発過程から排

除されていることに求め、女性を開発の過程に統合する必要性を述べるものであった。あらゆる社会において重要な構成員であるはずの女性の存在が不可視化されており、女性は開発の担い手としてみなされていなかった現実を明らかにしたのである。それにより、主に先進国の女性たちの人権意識の高揚を背景に、開発政策におけるWIDの領域が拡大していった。

しかし、WIDの政策は、経済開発が進めばその恩恵が社会的弱者に自動的に波及するトリクル・ダウン効果を主張するものであったが、実際には、西洋社会からの技術移転が男性を中心に行われたために、多くの開発途上国で女性の地位がさらに低下していくことになっていった。また、女性のみを対象とする開発政策のアプローチは、社会の中で生きる男女の関係性を見失うことにつながり、男性と女性による社会構造の関係、つまり社会的に築き上げられた関係性であるジェンダーの視点に注目した開発計画を行わない限り、問題は解決しないとする主張が提起されたのである。この「女性」から「ジェンダー」へといった開発政策のアプローチの移行は、あらゆるレベルにおいて女性が従属している社会の権力構造が問題であること、女性の開発活動と資源へのアクセスにとどまらず、開発政策全体のジェンダー分析と変革の必要性が認知されたことを意味している（上村, 2000, p.70）。

1980年代を迎え、WIDを中心とする政策は、地域社会におけるジェンダー関係の是正こそ、開発における最優先課題であるとする「ジェンダーと開発（Gender and Development）」（以下GAD）へとシフトしはじめ、従来からの男性中心の開発政策自体を問い直す主張を展開しはじめた。以降、開発政策にジェンダーの視点は不可欠なものとして承認されはじめ、また、女性自らが社会経済状況を改善し、問題を解決するための力をつけることを重視するボトム・アップ型（下からの動き）のエンパワメント・アプローチが何よりも称揚されるようになってきた。

他方、教育援助の側面では、それまでの教育開発政策が、中等・高等教育や職業教育を重視するものであったため、実際に教育の機会にアクセスすることができるのは男子が中心であり、男女間の就学における格差が大きく開いたま

ま、女子、または女性への教育投資は重視されていなかった現実が明らかになっていった。次第に基礎初等教育へと援助が増大していく中で、それまでの経済発展戦略に基づく国際教育協力体制が見直されはじめ、教育援助体制そのものの質的な改善が求められていった。そして、BHNの充足が何よりも先決であるとする政策の中で、教育の一般化が国家の義務として、そして、すべての国民が教育を受ける権利を有していることから、人間にとって基礎教育が必要不可欠であるとする考え方が改めて再確認されることとなった。

1.3　人間の発展を中心とする人間開発主義へ

これまでの開発戦略が人間を経済成長の手段としてしかみなさなかったことへの反省から、国連開発計画（UNDP）がインドの経済学者であるセン（Sen, 1992）が提唱した人間の「潜在能力アプローチ（capability approach）」[(3)]に注目するようになり、1980年代後半からの開発戦略の流れは「人間開発主義」へと転換していく。以降、人間の存在が開発の主要な目的と位置づけられ、所得向上中心の開発政策に代わり、教育それ自体が開発政策の重要課題とする認識が広まっていく。また、1980年代に世界的な不況の中で相次ぐ経済危機に陥る対外債務国が増大したため、第一に、教育支援を受ける対象国の幅が広がっていくことになったこと、第二に、先進国と開発途上国との経済格差がこれまで以上に深刻なものとなってきたことも背景にし、高等教育のみならず、初等教育にも援助の領域が拡大していくこととなった。人間の存在自体に発展の軸を据える大きなターニングポイントとなったのである。その動きは、理論から実践へと移行していき、1990年に開催された「万人のための教育（Education for All）世界会議（以下、EFA世界会議）」において、基礎初等教育の必要性の再確認へと展開していく。

第2節 「教育」それ自体の開発政策について

2.1 「万人のための教育 (EFA)」世界会議の取り組み

　人間を中心とする開発政策なくして、社会の発展はありえないとする見解に到達した国際社会の認識は、人間形成の根幹を支える「教育」それ自体が開発の主要な目的であるという根源的な問題を再確認することとなった。

　1990年3月、タイのジョムチェンで開催されたEFA世界会議がその後の教育開発政策に与えた影響は、これまでに例を見ないものとなり、国際社会の開発戦略において大きな節目となる出来事となった。この会議には、155か国の政府代表、33の政府間組織、125のNGO機関が参加した大規模な世界会議となり、子ども、若者、そして成人のための基礎学習の必要性について議論が重ねられた。

　『万人のための教育 (EFA) 宣言』の前文では、次のように述べられている。

「1億人以上の子どもが初等教育の機会を得られない状態にあり、そのうち少なくとも6,000万人の女児が含まれていること。また、9億6,000万人の成人が非識字状態にあり、そのうちのおよそ3分の2は女性であること。世界中の成人の約3分の1の人々が生活の質を改善させるため、または生活を形作るのに役立つ活字媒体を読み解く知識、新しいスキルや技術、そして社会的、文化的変革のためにそれらを採り入れる機会を持ち合わせていないこと、さらに、1億人以上の子どもや大多数の成人が基礎教育を完全に受けることができていない。」

(WCEFA, 1990)

　基礎教育が生活向上や社会の改善のための鍵となり、必要不可欠であることが改めて確認された。ところで、「Education for All」というスローガンは、「教育は人権である」とする理念から発したものであるが、それは、すでに1948年の世界人権宣言において述べられたことであり (Little & Gardner, 1994)、ま

た、ユネスコが1960年にパキスタンのカラチで開催された「ユネスコ・アジア地域代表者会議」において採択された「カラチプラン（アジアにおける普遍的・無償初等義務教育計画案）」でも謳われたことである。しかし、1960年代は人的資源論の主張する経済開発を念頭にした教育政策が優勢であったため、初等教育よりも中等教育、高等教育に特化することで途上国の経済発展を導こうとする動きが強かったのである。それゆえ、基礎教育の重要性という根源的な課題が長期に渡り、事実上忘れ去られていたのである（米村, 2001）。

EFA世界会議では、2000年までの10年間におけるビジョンとして、次のような目標が各国政府における「行動枠組み」として掲げられた。

1） 幼児教育の拡張。特に、貧困者、不利な人々、障害者を対象とすること。
2） 2000年までに基礎教育への普遍的なアクセスと修了を目指すこと。
3） 知識獲得基準を超えた者の割合を改善すること。
4） 2000年の成人非識字率を1990年段階における数値より半減させること。
5） 若者、成人への基礎教育、訓練プログラムの拡大を図ること。
6） マスメディア、その他の伝統的、現代的コミュニケーションの方法、社会的行動を含めたすべての教育チャンネルによる知識、能力、価値の獲得の促進を目指すこと。

再確認された基礎初等教育の必要性への認識は、幅広く人間の開発において必要不可欠である諸課題へとつながっていった。会議終了の2か月後に発表された国連開発計画（UNDP）による報告は、人的投資論に支配されていた開発計画を塗り替えるかのように、全世界の開発戦略において、人間中心の開発戦略が不可欠であるとする『人間開発報告書（*Human Development Report*）』として提出された。

その意味で、「EFA世界会議」は、従来の教育援助のあり方に反省を促すとともに、第一に、これまで理念として掲げられてきた基礎教育の普及を具体的な政策として取り上げ、その成果を導くものでなければならないとしたこと、

第二に、教育協力の質的な変化、とりわけ、開発途上国における女性や子どもの置かれた多様な状況を汲み取ること、第三に、社会的公平を目指し、社会の構成員である女性の社会参加を積極的に推進すること（内海，1998）、などのこれまでの政策方針に大きく転換を迫る分岐点であったと言える。

　また、開発途上国における教育政策方針を具体的なものとした会議の背景には、一つには、教育開発政策は開発途上国の主導によるべきだが、世界の問題として取り組んでいく必要性が、先進国の側での危機意識として発生してきたこと。二つには、従来、初等教育の普及は、当事国の主権に関わるものとされ、国際的な影響力は、量的、内容的に極めて限定的なものであったことから、国家主権に関する厳格な主張が、グローバル化の進行により、経済的分野のみならず、政治、社会的な領域でも国際性を増してきていることにある。

2.2　「ダカールEFA行動枠組み」〜ジョムチェンからダカールへ〜

　2000年4月には、セネガルのダカールにて、世界EFAフォーラム（以下、ダカール会議）が開催された。「ダカールEFA行動枠組み」は、ジョムチェンEFA宣言、および世界人権宣言（1948）、女性差別撤廃条約（1979）、子どもの権利条約（1989）を含む人権と教育に関する国際合意を含むものである。幼児教育、初等教育完全普及、ライフスキル及び職業教育、識字、教育におけるジェンダー平等、そして教育の質に関する6項目の目標を2015年までに達成しようという野心的なものであった。

　とりわけ、変化がみられない女子の教育参加と成人女性の識字教育の普及については、「ダカールEFA行動枠組み」に具体的に反映された。具体的には、1億1,300万人以上の子ども達が初等教育を受けておらず、そのうち6割が女子であること、また、少なくとも、8億8,000万人の成人が非識字状態にあり、そのうちの3分の2が女性であることが確認された。ジョムチェンからダカールにおける10年間において、「EFA運動」として、基礎教育に焦点を当てた教育開発政策は確かに進展してきたが、男女間格差は解消されてはおらず、国内における地域、経済格差により、結果として、貧困層の女子に負担がのしか

かる社会構造が明らかになっていった。初等教育の完全普及と、教育におけるジェンダー格差の解消については、「ミレニアム開発目標（MDGs）」にも含まれている（菅野・西村・長岡, 2012）。

「ダカールEFA行動枠組み」における目標
- 最も恵まれない子どもたちのために、包括的な支援と就学前保育・教育の拡大、および改善を図ること。
- 2015年までに、特に女子、困難な状況にある子どもたち、少数民族の子どもたちに無償で、良質な義務教育（初等教育）を受けることを保障すること。
- すべての青年、および成人の学習ニーズが、適切な学習プログラム、生涯におけるスキルプログラムへの公平なアクセスにより保障されること。
- 2015年までに、成人（特に女性の）識字率を50％改善させ、すべての成人が基礎教育と継続教育への公平なアクセスを達成すること。
- 2005年までに初等・中等教育の男女間格差を解消すること。2015年までに教育における男女平等を達成させ、この過程において、女子の良質な基礎教育の機会の充分、かつ平等なアクセスを保障すること。
- 特に識字教育、計算能力など生活に不可欠なスキルにおいて、測定可能な学習成果を得られるように、教育のすべての側面における質の改善、卓越性を保障すること。

(Unesco Kathmandu, 2015 EFA National Review Report 2000-2015)

ダカール会議以降、初等教育普及は一定の成果を上げている。特に近年の就学率の向上は顕著であり、2015年のEFAグローバルモニタリングレポート（GMR）によれば、学校に行っていない子どもの数は、1999年の時点から3,300万人減少し、初等教育の不就学児童のうち、女子の割合も58％から54％に減少した。また、世界の成人識字率は84％に向上した。しかし、教育における男女間格差・不平等が解消されたわけではない（図1.1参照）。今日、なおも就学することができない子どもたちは存在し、特に、南西アジアとサブサハラア

フリカに集中している。これらの地域、諸国では、地域、社会階層・カースト、民族、収入別などの統計を見ると、様々な集団において顕著な男女間格差が存在する。そして、遠隔地の農村における少数民族や被差別グループの貧困層の女子が、最も阻害される状態となっている。男女間格差を達成する上での大きな課題が残されている（表1.1参照）。

- 半分以下の国が、2015年までに初等教育と中等教育における男女間格差に関するすべての教育目標を達成するであろう。しかし、サブサハラアフリカでは、2015年までに両レベルで格差是正を達成する国はない。
- 教育における男女間格差の解消は、教育レベルが高くなればなるほど拡大する。就学前教育では70％の国で男女間格差が解消されているが、初等教育では66％、前期中等教育では50％、後期中等教育では29％、高等教育では4％のみである。
- 特に、貧困層の女子は、小学校へのアクセスにおいて最大の課題に直面し続けている。世界中の子どもの9％が学校に就学できていない。
- 中等教育における男女間格差は縮小しつつあるが、依然として問題であり、女子にとっては深刻である。その大半は、アラブ諸国とサブサハラアフリカに集中している。
- 後期中等教育において、男子は女子よりも中途退学する可能性が高い。OECD諸国では、男子の63％と比較して、女子の73％が後期中等教育を修了している。
- 南アジアや西アジア、サブサハラアフリカを除いて、男子よりも女子のほうが高等教育に就学している。
- 青少年の識字率においては男女間格差が解消傾向にある。
- 成人女性の識字率の問題は、特に課題である。基本的な識字能力を欠く成人の3分の2は女性であり、この構造は2000年以来の傾向である。南アジアや西アジア、サブサハラアフリカの成人女性の約半数は、読み書きができない状態にある。

（EFA Global Monitoring Report 2015）

第1章　開発政策における識字教育

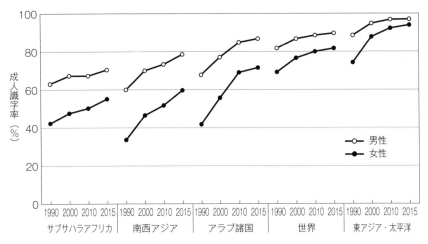

出所：EFA Global Monitoring Report 2015 Gender and EFA 2000-2015：ACHIEVEMENTS AND CHALLENGES 2015 Gender Summary, UNESCO

図1.1：地域別成人識字率の推移

表1.1：地域別識字率、男女間格差の状況（2005-2014年）

	若者の識字率（％）	GPI	成人の識字率（％）	GPI
世界	91	0.96	85	0.91
中央アジア	100	1	100	100
東・東南アジア	99	1	95	0.96
ヨーロッパ・北米	—	—	—	—
ラテンアメリカ	98	1	93	0.99
北アフリカ・西アジア	93	0.96	82	0.86
太平洋	—	—	—	—
南アジア	84	0.91	68	0.76
サブサハラアフリカ	71	0.86	60	0.76

注：GPI（ジェンダーパリティ指数は、1＝男女同等、＜1、女性がより低い）
出所：Global Education Monitoring Report, Gender Review 2016, UNESCOより筆者作成

2.3　2030年に向けた課題

　2015年5月には韓国のインチョンで開催された世界教育フォーラムにて、持続可能な開発のための教育（ESD: Education for Sustainable Development）が重要であることが改めて示された。また、同年9月の国連総会では、2030年

までに世界が克服すべき17の目標「持続可能な開発目標（SDGs: Sustainable Development for Goals）」が定められた。環境、貧困、飢饉、福祉、健康、衛生、人権、ジェンダー、平等などさまざまな課題が含まれる（図1.2参照）。自然災害に対する防災活動も取り組むべき課題の一つに含まれ、日本をはじめ大災害を経験した社会では、より一層、その意義が深められる。ネパールにおいても2015年4月下旬に発生した大地震からの復興を急ぐ中で、「持続可能な開発目標」の教育に関する第4目標（教育の質や公平性を保障し、すべての人々に生涯学習の機会を促進すること）を念頭に、教育開発政策が取り組まれている。とりわけ、大震災以降、生活の再建に向けて就労を求める女性たちが増しており、これまで以上に識字教育の必要性が高まっている。

出所：持続可能な開発のための2030アジェンダ　http://www.env.go.jp/earth/sdgs/index.html

図1.2：持続可能な開発のための目標

目標4　すべての人に包摂的かつ公正な質の高い教育を確保し、生涯学習の機会を促進する

4.1　2030年までに、すべての子どもが男女の区別なく、適切かつ効果的な学習成果をもたらす、無償かつ公正で質の高い初等教育及び中等教育を修了できるようにする。

4.2 2030年までに、すべての子どもが男女の区別なく、質の高い乳幼児の発達・ケア及び就学前教育にアクセスすることにより、初等教育を受ける準備が整うようにする。

4.3 2030年までに、すべての人々が男女の区別なく、手の届く質の高い技術教育・職業教育及び大学を含む高等教育への平等なアクセスを得られるようにする。

4.4 2030年までに、技術的・職業的スキルなど、雇用、働きがいのある人間らしい仕事及び起業に必要な技能を備えた若者と成人の割合を大幅に増加させる。

4.5 2030年までに、教育におけるジェンダー格差を無くし、障害者、先住民及び脆弱な立場にある子どもなど、脆弱層があらゆるレベルの教育や職業訓練に平等にアクセスできるようにする。

4.6 2030年までに、すべての若者及び大多数(男女ともに)の成人が、読み書き能力及び基本的計算能力を身に付けられるようにする。

4.7 2030年までに、持続可能な開発のための教育及び持続可能なライフスタイル、人権、男女の平等、平和及び非暴力的文化の推進、グローバル・シチズンシップ、文化多様性と文化の持続可能な開発への貢献の理解の教育を通して、全ての学習者が、持続可能な開発を促進するために必要な知識及び技能を習得できるようにする。

4.a 子ども、障害及びジェンダーに配慮した教育施設を構築・改良し、すべての人々に安全で非暴力的、包摂的、効果的な学習環境を提供できるようにする。

4.b 2020年までに、開発途上国、特に後発開発途上国及び小島嶼開発途上国、ならびにアフリカ諸国を対象とした、職業訓練、情報通信技術(ICT)、技術・工学・科学プログラムなど、先進国及びその他の開発途上国における高等教育の奨学金の件数を全世界で大幅に増加させる。

4.c 2030年までに、開発途上国、特に後発開発途上国及び小島嶼開発途上国における教員研修のための国際協力などを通じて、質の高い教員の数を大幅に増加させる。

(外務省　仮約)

第3節　教育開発政策に寄せられる批判

3.1　開発言説が及ぼす政治力

　開発を取り巻く議論は、経済学や人類学など、学際的にも様々な角度から行われている。そもそも、開発言説は、第二次世界大戦後のアジア、ラテンアメリカ諸国における新興国の国民国家形成を目指す動きの中で、国家レベルの開発政策が策定されたことに端を発する。また、今日では、民間レベルから開発プロジェクトを起こそうとする動きも高まり、今や、先進国が述べる開発の言説は、「参加」「共生」「持続可能な開発」等のキーワードを中心に論じられようになっている。しかし、こうしたキーワードそのものに、かつて西欧諸国が非西欧諸国を「第三世界」と称してカテゴリー化し、西欧を基準とするものの見方により捉えようとした力関係が、なおも働いているのではないかとする批判がある（例えば玉置, 1992, 1995、足立, 1993, 1995）。教育に関連して言えば、先進諸国を主導役とする開発途上国に対する教育援助策（基礎初等教育や識字教育の普及と拡大）においても、伝統社会における知を無視、または軽視し、その代替として「近代的な知」を導入しようとすることに他ならないとする批判である。

　現代社会の開発が本質的に力関係であり、かつての「支配－被支配」関係のような植民地主義的な側面を持つことを、よりミクロなレベルから開発のプロセスを明らかにしていくことの必要性を述べる玉置（1992, 1995）は、人類学者の立場から次のように述べている。それは、「開発」というものが、「コミュニティの住民にとって"外からやってくる"ものであり、開発エージェントとしてのエリート（特に地方官吏）との関係が決定的な意味をもつ」（玉置, 1995, p.89）のであり、開発が、現代においても政治的レベルで決定されてしまう現実を指摘している。さらに、そもそも「開発」や「発展」という概念自体が力関係を含意するとしている。

　また、開発の捉え方をめぐっては、足立（1995）が述べるように、一般に、

アジアなどの第三世界は貧しく、何らかの開発が必要だと無条件にとらえており、西欧という近代的な「知」や「科学」に基づき、非西欧の人々までを近代化、西欧化に向かわせようとする政治システムがなおも確実に存在することを指摘している。

確かに、貨幣経済が成立する以前の前近代社会においては、土着の知が何よりも重視され、その土地に根ざした固有の価値体系が人々の生活世界、精神世界を支配しており、現在においてもその占める割合は非常に大きい。しかし、産業社会の進展とともに社会の隅々までが文字化されてしまったことにより、近代的な知を持ち合わせていない伝統社会に生きる人々を、「開発」や「発展」という名のもとで先進諸国の求める国際社会の型や標準に見合うように規格化する動きが強化されたことに違いはない。それは、例えば「識字者－非識字者」の関係が、「力を持つ者と持たない者」という二項対立の関係性を生じさせ、または、BHNや識字率といった評価軸の設定や数値化を行うことにより、第三世界に生きる人々の生活世界までをも周辺化することになってしまったのである。各々の国や地域に根ざす固有性をひとくくりに還元しようとする動きは、「近代の衝動である」（宮島, 1999）とともに、「"オリエンタリズム"的二項対立思考の延命」（関根, 2002）と言われるような、かつてサイード（1979）が提起したように、西欧社会からみた異なる他者としての伝統社会像を強調させることになってしまう。

3.2　教育開発政策における今日的課題

では、近年の教育それ自体を対象とする開発政策において、どのような意義を見出すことができるのか。まず、教育の機会を社会的、経済的、政治的な理由からアクセスできない人々と、日常的に文字の読み書きを必要としない人々とを区別して考える必要がある。前者においては、人間の権利として扱われる学習の機会から不当に排除され、遠ざけられてきた立場を是正する方向に国際社会が動いている。後者については、識字教育や医療、保健衛生など、過剰に近代的な「知」を押しつけることに対して批判がなされている。

本来、教育とは極めて個人的な領域における問題であり、子どもにどの程度の教育を受けさせるのか、また、自分はどのような教育を受けたいのかは、個人の判断に委ねられる。しかし、近代国民国家の成立により、公教育制度が普及するにつれて、国家の教育観が全面に出てくるようになった。そして、多くの開発途上国では、同じ領土内に居住する人々に対して、言語や文化的価値観の共有化をはかるために国民教育を行い、さらに「近代化」という目的にかなうように、基礎初等教育を通して文字の習得を広く国民に一般化させる政策がとられている。

　イリイチ（Iliichi, 1972）のように、社会の学校化は「貧困の近代化」しかもたらし得ないとする批判もあるが、日常的に文字の読み書きを必要としない生活が主流であるような、口頭伝承を中心とする国や地域においてさえも、グローバリゼーションの下で近代的な「知」が巻き込んでいくことはもはや回避できない。つまり、知識基盤社会の成立により、読み書き能力は不可欠な課題となっている。

　このような議論を踏まえ、人間形成の根幹をなす基礎教育の普及、拡大政策に、どのような視点が求められるのであろうか。筆者は、教育が人間の基本的な権利として欠かせないとする見解に異論はないが、国際社会の勢力に任せて新しい「近代知」を過剰に押し付けることには賛同できない。今日的課題としては、開発政策が「第三世界の住民によってどのように内面化されていくかが問われるべき」（足立, 1993, p.18）であり、識字教育も、単に普及や拡大を目指すだけではなく、現実にはどのように人々に受容されていくのかに注目していく必要があると考える。

　一例をあげれば、ネパールの農村社会では、女性が教育の機会を得ることに難色を示してきた従来の慣習的な主流価値の転換が起こりはじめている。特に1990年代以降、このような個人に帰趨する問題と共同体に支配される問題という二つの異なるベクトルが拮抗しながら、新たな価値が生み出されてきている（八木, 2003）。人間は外部から流れてくる情報を単に摂取するだけの存在ではなく、「意味を求める存在」（箕浦・野津, 1997）である。あらゆる事象が

めまぐるしく変化する昨今のグローバルな社会の中で、新しく提供される学習の機会（例えば識字教育）が個々人の心の中にどのように受けとめられ、また、その人なりの意味空間になりうるかというプロセスにも着目しながら政策を展開していくことが欠かせないのではないかと考える。

第4節　先行研究の検討

4.1　開発途上国における識字教育のアプローチの変遷

　一般に、識字とは、文字の「読み書き能力」を指す言葉として、近代学校教育制度が発達した諸国では、いわゆる3R's（reading, writing, arithmetic）を学習の基礎、基本とするものと理解されている。しかし、国際社会において一律の定義があるわけではない。

　ユネスコは発足以来、識字教育の重要性を説いてきているが、今日に至るまでの識字をめぐる概念定義については、変遷がみられる。1958年の勧告では、「日常生活における簡単な陳述を理解し、読み書きができること」とされ、初歩的なレベルでの読み書き能力を意味していた。1950年代、開発途上国を中心に、各国政府は積極的に識字教育政策を開始したが、識字についての理解は特定の価値観に基づくものではなく、一種の中立な「道具」として習得されていくものと捉えられており、識字プログラムの多くは機械的な読み書きの訓練に終始していた。また、人々を識字者（literate）であるか否かと二項対立で捉えることになり、生活世界に根差した様々な識字活動を重視するものではなかった。

　開発途上国における成人を対象にした教育開発研究に詳しいロジャース（Rogers, 2001）によれば、識字教育政策における概念や方法論（またはアプローチ）は、次のように年代ごとに類型化される。

1) 「機能的識字（functional literacy）」を基盤とし、「実験的世界識字プログラム（Experimental World Literacy Programme: EWLP）」[4] により推進された、職業能力の育成を目指した1960年代〜1970年代におけるアプローチ。

2）非識字状態に置かれていることを学習する機会を「奪われてきた」とみなす、1970年代後半のフレイレの識字哲学をもとにした「批判的識字（critical literacy）」観に基づく批判的アプローチ。
3）「多様な識字」の存在を強調する1980年代以降に注目され始めた、社会・文化的側面を重視するアプローチ（New Literacy Studiesなど）。

　1960年代における「非識字状態」の捉え方は、「日常生活における基本的な読み・書き・算術（3R's）の能力が不足していること」とされ、その克服を目指して提起されたのが「機能的識字（functional literacy）」の概念であった。「機能的識字」とは、本来、成人基礎教育の中で識字の状態を示す何らかの基準を設定するための方法概念として提起されたものであり、成人として社会生活を送る中で、必要とされる読み書き能力がどの程度のものなのかを明確にするために提示されたものであった。1965年のイランで開催された世界文部大臣会議では、「単なる読み書き学習の枠を超えて、積極的に社会に参加し、経済的役割を担う識字能力」の重要性が説かれている。70年代に入ると、高い労働生産力を追求するための、経済発展に役立つ人材育成を重視した人的資本論に基づき、職業訓練としての識字教育が主流となっていく。しかし、当時の基礎教育をめぐる教育政策は、国の経済発展への直接的な投資と見なされており、西欧近代社会を最終目標とした「近代化論」の枠組みのもとで、識字教育政策（実験的世界識字プログラム：1967-1973）が展開されていたため、目標どおりの成果は得られなかった。
　このような動向の中で、1970年代後半には、識字がもたらす経済成長や社会的利益のみを目的とするのではなく、社会的、文化的、政治的な改革と関連づけていくことにより、読み書きの学びは、初めて意義あるものと考えられるようになっていく。そして、1975年にイランのペルセポリスにおいて開催された「識字のための国際シンポジウム」にて、識字の定義は「単に、読み・書き・算術の技能にとどまらず、人間の解放とその全面的な発達に貢献するもの」とされ、「人間解放に向けた唯一の手段ではないが、あらゆる社会変革に

とっての基本的条件である」とするペルセポリス宣言が採択されるに至った。以降、「人間解放に向けた識字」をめぐる理念は、広く国際社会において受け入れられていくこととなった。

　また、「自立と人間の解放に向けた識字」が国際社会の中で支持を得ていく過程において注目されたのが、ブラジルの教育学者パウロ・フレイレ（P. Freire）による実践である（Freire,1970）。フレイレは、故郷ブラジルの農村レシェフェにおける民衆教育の運動経験から、教育の両義性、すなわち、教育に中立はありえず、識字は自らの置かれた状況を突破するための道具にもなりうるとする、「変革のための実践活動」を強調した。それは、学習者に「意識化（consientization）」を促すことにより、沈黙を強いられてきた文化に対して、「批判的思考の獲得」を目指すものであった。

　1980年代になると、学習者の生活基盤における多様な識字活動を考慮した、「ニューリテラシー・スタディーズ（New Literacy Studies）」が登場し始める。「ニューリテラシー・スタディーズ」の重要性を唱える論者らは（Street, 1995, 2001、Barton & Hamilton, 1999、Rogers, 2001他）、識字をめぐる豊富な研究や実践の中で、文字の読み書き活動には多様な側面があり、社会、文化、政治的な文脈を踏まえた分析が欠かせないとする。例えば、宗教や経済活動、または公的な場における識字活動があるように、人間社会には様々な様相下における識字が存在している。それは、単なる読み書き能力の次元を超えた、特定の社会や状況に根差した実践として問われていくべきであり、単一の識字観に異論を唱えるものである。

4.2　開発理論の変容と識字論の変容について

　国際社会の開発戦略は、人間中心の開発政策にシフトしたが、その大まかな流れは、「近代化論重視の政策」→「人的資本論」→「反省期」→「人間中心主義」という図式が描かれる。前項でみたロジャースによる区分においてもわかるように、識字をめぐる捉え方やアプローチは、開発論の流れに連動しながら変容してきた（表1.2）。

表1.2：開発政策の動向と識字教育政策の変遷

	開発政策論	識字政策論
近代化論 (1950年代〜) 人的資源論 (1960年代)	・経済発展を基軸とする発展説 ・女性と開発（WID）：公正アプローチ ・教育や健康への投資が高い経済成長を招く	・「機能的識字」をもとに、非識字状態にあることを「能力の欠如」と見なす ・実験的世界識字教育（1967〜1973年）
従属理論 (1970年代〜)	・人間の基本的ニーズ（BHN）の充足 ・中、高等教育、職業教育の重視 ・女性と開発（WID）：貧困アプローチ ・経済格差、男女の教育格差の拡大化への反省期	・ペルセポリス宣言（1975年）：人間の解放に向けた識字 ・「批判的識字」の提起：非識字状態にあることを教育の機会を「奪われてきた」とみなす ・社会的、文化的、政治的側面を重視する識字へ
人間中心主義 (1980年代後半〜)	・基礎初等教育重視 ・男女間格差の是正 ・人間開発主義 ・女性と開発（WID）からジェンダーと開発（GAD）への移行 ・ジェンダーの主流化へ	・人間開発の識字へ ・ニューリテラシー・スタディーズの登場

注：年代については、大まかな区分である。
出所：モーザ（1996）、Rogers（2001）、EFA Global Monitoring Report Team（2006）をもとに筆者作成

　識字の捉え方、および、そのアプローチに関してはかつての反省を踏まえ、「人間の解放に向けた識字」であることが何よりも重視され、人間の開発を発展の基軸とする展開へと変容してきた。そして、ニューリテラシー・スタディーズのように、人間社会には多様な識字活動が存在しており、政治、経済、社会、文化といった様々な社会背景における力関係が作用する中で人々の日常生活が実践されているという現実への配慮も欠かすことができないとする視点が養われてきている。

　識字は、言語の選択やその用いられ方など、政治的、文化的、社会的な圧力における支配−被支配という関係に直結している問題である以上、人間解放を目指すどころか、抑圧を強いる道具にもなりうる。まさに、かつて、フレイレが提起したように、政治的に中立はありえない、社会的文脈に依拠した実践であるといえる。それゆえ、開発政策を推進する側の人々や、識字教育の実践者も含めて、政策の背後にある政治性や識字活動が行われる場をどのように理解

第1章　開発政策における識字教育

していくかが、問われていくべきであろう。

　識字教育政策をめぐる課題は、開発政策や時代の要請に従い変遷を遂げてきた（表1.2参照）。しかし、その一方で、文字文化の発達に伴う社会経済の発展、科学技術の進歩、高度な情報化社会の到来等、知識基盤社会の成立により、結果として、基本的な読み書き能力を習得しているか否かにより、人間社会に「差異」を生み出してきたことも事実である。さらに深刻な問題は、経済を中心とする世界的規模のグローバリゼーションの下で、市場経済の原理、価値の急速な展開により、その影響が不均衡に社会的マイノリティに不利益を及ぼし、特に、開発途上国に暮らす貧困層の女性に重く負荷がのしかかる構造を創り出してしまっていることである。

　国連総会（1987年）が1990年を国際識字年（International Literacy Year）と定めた同年、タイのジョムチェンで「EFA世界会議」が開催され、向こう10年間で基礎初等教育の普遍化、非識字状態の克服を目指すEFA宣言により、基礎初等教育重視の教育政策が一層強調されていくようになった。しかし、10年間での目標達成は程遠いものであったため、2000年にセネガルのダカールにて「世界教育フォーラム」が開催され、EFA会議以降の進捗、成果をさらに展開させるための「ダカールEFA行動枠組み」として、6つの主要目標が絞り込まれた（第1章第2節参照）。

　国連はEFA運動を推進するために、2003年から2013年までを「国連識字の10年（The United Nation Literacy Decade）」と定め、開発途上国、先進国の双方に識字教育事業の継続実施、支援協力を国際的な活動として呼び掛けた。成人の識字教育事業の更なる展開をめざし、政策レベルの強化とその重要性を強調するものであった。女性を含む最貧困層や社会的マイノリティを主要な対象者層とし、識字を通じて、貧困の撲滅、乳幼児死亡率の削減、人口抑制、生活の向上、健康や衛生の概念の理解、法や経済システムの理解、女性の社会参加、ジェンダーの平等達成、情報へのアクセス等、人々が生きていく上で直面する様々な出来事に立ち向かうことを可能にする礎を築いていこうというものであった。

「国連識字の10年」における行動計画
- 貧困の削減を含め、地域住民の参加や識字教育の推進を奨励する政策へ転換すること
- フォーマルな学習の機会への移行が可能となる、地域の条件を採用した柔軟な識字教育の展開
- 識字教育の指導者や運営を支援するための人材育成と、より効率的なプログラムを設定すること
- 政策転換を支持するための、より実証的な研究の必要性
- 地域住民の参加と識字プログラムにおけるオーナーシップ
- プログラムの参加者数と影響力により、信頼性の高い進捗状況を表す指標を定めるためのモニタリングと評価

(UNESCO(2009)より筆者作成)

もっとも、識字教育に取り組むことで、すべての問題が解消されるわけではなく、開発政策の第一段階としての活動に過ぎないとの批判もある。しかし、女性が社会のあらゆる側面において不利益をもたらす構造に気づき、自ら問題解決に向けて行動していくには、読み書きの学びはその突破口として、欠かすことはできない。また、生涯学習の観点からも保障されていく必要がある。

4.3　識字教育をめぐる調査研究
　　～「イデオロギー・アプローチ」と「リサーチ・アプローチ」～

　今日の開発途上諸国における識字教育の多くは、各国政府や国際援助機関、および国際的なNGOの主導により展開されてきており、特に女性を対象に実施されている。識字教育は、開発途上諸国における女性を取り巻く政治的、文化的、社会的な力関係の構図を解きほぐすための主要な鍵になると考えられてきている。特に、1980年代後半以降、国際社会における開発戦略が人間中心の開発にシフトしはじめてきたことから、識字教育事業の規模は拡大傾向にあり、「ジェンダーと開発」の視点を反映させた「ジェンダーの主流化」を目指

すプロジェクトが潮流と化してきている。しかし、国際的規模で展開されるプロジェクトの背後で、プロジェクトが実施される途上国の地域性や固有性が西欧社会を中心とする政治的な圧力に覆い尽くされてしまうことの危険性を唱える研究が蓄積されてきている。

　識字をめぐる議論においては、1960年代後半に注目された「大分水嶺理論（Great Divide Theory）」が知られている。「大分水嶺理論」とは、書き言葉を獲得することで、人間の認知能力が飛躍的に増大したとする主張（マクルーハン, 1986など）であり、次のように述べられている。

　第一に、ことばには、話しことばと書きことばの2種類があること。話しことばは文脈に依存し、書きことばは文脈から離れることばであること。第二に、思考は2種類のことばに相関しているということ。話しことばは思考を文脈に依存したものに制限するが、書きことばは、脱文脈的な思考を可能にする（茂呂, 1988, p.51）、という主張である。この「大分水嶺理論」を支える理論的構成としては、1）読み書きの「自律性」（Street, 1984）により、識字をそれが用いられてきた社会的、文化的な状況から独立して取り出せる技術であるとみなすこと。2）対面、対人状況を離れた抽象的な思考を可能にすること。3）読み書きがもたらす知的な性質から生じる有能さにおいて、その知的な側面を特徴とすること、などの仮説が切離せない形で結びつけられており、現代における一般的な教育観や学校観においても、文字の読み書きが知的な作業の一つとして捉えられる「大分水嶺理論」に支配されている傾向が否めないといえる。

　しかし、例えば、識字の「自律性」を提示して批判的に論じてきたストリート（Street, 1984, 1995, 2000a, 2001b）は、「大分水嶺理論」の主張に対して、「口頭伝承と識字における二分化は、本来はひとつの連続体として考えられるべきである」（Street, 1995）とし、特定の社会の中には社会、経済的な条件を背景に多様な識字活動が実践されており、決して単一には語ることはできないと反論している。

　ストリートは、これまでの開発途上諸国での活動経験を踏まえて、多くの教育学者や開発援助団体が推進する識字とは、どの国や地域においても効果のあ

る中立なスキルとして識字の"自律性（autonomous）"を信じて疑わないとし、「まるでパッケージ化された商品を大型市場（スーパー）で販売するかのように開発途上諸国に普及しようとする」（Street, 2001b, p.8）姿勢に異議を唱えている。さらに、社会の主流派による識字が優位性をおびて支配的な位置に立つ時、それは識字の「イデオロギー」に他ならないとし、識字を単一な尺度とする「自律モデル」と対比させて提示している。つまり、プログラムにおいて導入される識字とは、イデオロギー性が伴うものであることを示唆しており、「自らが述べた（self-generated）語ではなく、外部から持ち込まれた語を並べ立てる」（Street, 2001b, p.10）という抑圧的な側面について、問いかけるものである。識字は決して中立な技術ではなく、特定の文化的、政治的、そして歴史的文脈において把握されなければならないとし、地域社会固有の識字の存在への注目を説いている。また、オクセンハム（Oxenham, 1980）は、識字教育への理解は、書くという行為がいかに社会的文脈に依拠しているか、そして、その効果とは、現実にはプログラムを運営する人々の主旨が反映されるものであり、識字活動は文化的な側面だけではなく、政治的な権力の構造下にある現実を認識すべきであるとするイデオロギー性への理解を求めている。

　確かに、開発途上国を対象に行われている識字教育は、かつて1970年代を中心に展開されてきた経済至上主義に立脚した教育開発政策の反省から、識字は人間の開発を促す社会的な実践活動であるという考え方に改められてきた。また、識字をめぐる研究方法も人類学的、心理学的、また社会学的な調査研究により、識字のイデオロギー性がより注視されるようになってきた。

　しかし、西ネパールで調査を行ってきたロビンソン＝パント（Robinson-Pant, 1995, 2000, 2001）は、識字教育の調査においてそのイデオロギー性を明らかにする「イデオロギー・アプローチ」の一方で、社会的、文化的、政治的文脈の中で実践されている識字活動や識字が用いられている場や範囲などを含め、多様な識字にも注目していく「リサーチ・アプローチ」（Robinson-Pant, 2001）も必要であることを述べている。それは、調査地域の村の女性たちが外国の援助団体が導入するプログラムの内容に抵抗感を示した経緯から、各々の

地域にはその土地固有の識字観があり、あらゆる国や地域における女性を取り巻く社会構造が、いかに複合的な力関係の中で構造化されてきているのかについて、より質的な調査が必要であるとするものである。

識字とは、人間にとって基本的な権利の一つであると同時に、様々な国や地域において異なる文脈において用いられる社会的な実践活動である。そのため、国家的な規模で行われる教育開発政策の西欧中心的な尺度を信じて疑わない姿勢に再考を促すストリートやロビンソン＝パントらの知見は、極めて示唆的であると考える。彼らの知見は、次の表1.3のように、識字活動の政治的側面に注目する「イデオロギー・アプローチ」と、社会的、文化的側面を重視する「リサーチ・モデル」とに区分することができる。

表1.3：識字教育に関する調査研究のアプローチモデル

	重視する側面	具体的内容
イデオロギー・アプローチ	政治的側面	・識字の自律性重視の政策への反省 ・西洋社会モデルの価値導入への異議申し立て
リサーチ・アプローチ	文化的、社会的側面	・より質的な調査の実施 ・社会的文脈に即した実践活動の再確認

出所：筆者作成

ところで、女性を対象とする開発論に詳しいモーザ（1996）は、「現実の社会は均質な集団ではなく、人種、階級、民族、カーストなど社会文化的な要因によって異なる利益や目的をもつ多様な集団であるため、一様に開発プログラムを試みることの危険性を理解すべきである」と述べている。今日においては、あらゆる開発政策においてジェンダーの視点が欠かせないとする「ジェンダーの主流化」が念頭に置かれており、女性をめぐる地域開発においては、女性を取り巻く社会構造を把握せずして、開発政策の成功はなし得ないと考える。それゆえ、ロビンソン＝パントの提示する「リサーチ・アプローチ」の有効性を評価するものである。ロビンソン＝パントは、西ネパールの農村において、開発の重要な担い手である女性を取り巻く地域社会の構造と、女性自身が

主体となる識字活動の日常的実践を、エスノグラフィーという手法を用いて描き出すことに成功している。そして、その複合的な文化的、社会的、政治的な力関係により成立している「日常生活」における識字の意味を見出している。彼女の述べる「リサーチ・アプローチ」は、識字教育を含む開発政策における「イデオロギー性」をより質的に捉えるために提起されたものであり、本研究において追求しようとする学習者の「立場性」を重視する視点にとって、非常に有効であると考える。

注
(1) ロストウ（1961）は、近代社会に向けた経済的次元における変化の過程を、伝統社会、離陸のための先行条件、離陸、成熟への前進、高度大衆消費時代のいずれかの段階と設定した。
(2) 従属理論（dependency theory）／世界システム論とは、フランクやウォーラーステインにより提起された理論。先進国と開発途上国が貿易のシステムをつくる場合、開発途上国は先進国に従属させられ、世界資本主義システムを維持するのに利用され続け、絶えず先進国を中心とするその辺境に位置しながら、資本主義システムに組み入れられているという構造概念を指す（富永, 1996, p.420）。
(3) セン（1992）の述べる潜在能力とは、人間が「様々なタイプの生活を送ることである」という個人の自由の反映した機能（何かをすること）の集合体を指す。潜在能力アプローチは、人間が自由を追求する手段を評価軸とするため、従来の実質所得に基づく社会評価とは性質を異にするものである。
(4) 「実験的世界識字プログラム」は、識字教育の社会経済的利益を実証的に明らかにすることを念頭に実施された。

第2章

ネパール：文化的・社会的背景

●下校するムスリムの女の子たち（筆者撮影）

●マドラサで学ぶ子どもたち（筆者撮影）

第1節　地理的背景

　ネパールは、北は中国（チベット）、南はインドに隣接する人口約2,650万人（CBS, 2014）ほどのヒマラヤ山脈沿いの内陸国である。国土は約14万平方キロメートルであり、北海道の約2倍程度の大きさと記されることが多い。また、西から東へとベルトのようなラインを描いており、北から山岳地帯（標高4,877メートル以上、国土の35％）、丘陵地帯（標高610〜4,877メートル、国土の42％）、タライ地帯（標高610メートル以下、国土の23％）と大きく3層に大別される。

　起伏に富んだ地形から、気候などの自然的条件の他、民族、言語等、文化的条件も大きく異なっている。行政単位は2015年9月の新憲法の公布以降、これまでの14の県（Zone）と75の郡（District）とは異なり、大きく7つの州（以下の①〜⑦）に分けられた。

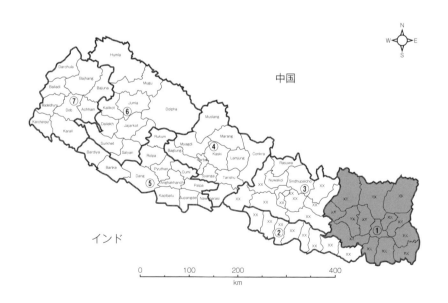

中国との国境付近は、ヒマラヤ山脈をはじめとする険しい山岳地帯であり、厳しい寒さのために人間が生活するには適しておらず、人口も全人口の約7.8％にすぎない。そのため丘陵地帯には人口の約半数（約45.5％）が集中しており、住民の多くは主に農業を中心に生計を立てている。しかし、農地の大半が山の急斜面を利用して行われているため耕作には適していないことも多く、農業だけでは生計を維持することが困難であることから、近年では都市部への出稼ぎが目立ちはじめ、急激な人口増加により新たな都市問題が生じている。また、インドとの国境地帯であるタライ地帯は、かつて、1960年代にネパール政府によりマラリヤ撲滅プロジェクトが実施された地域であり、熱帯病がはびこるジャングルでもあった。この地域にはタルー族と呼ばれる先住民族以外は住んでいなかったが、今日においてはサファリツアーが盛んになるなど、外国からの観光客の注目を浴びている。

第2節　歴史的背景　〜政治的な流れにおいて〜

　ネパールが有史上、確実に姿を見せるのは4世紀前半からであり、5世紀半ばのマーナデーヴァ1世（Manadeva I）の時代にリッチャビ王朝（Licchavi Dynasty）が確立したという説が最も実証的であるとされている。それ以前のネパールは伝説伝承の中の国とされており、古代ネパール史を実証する有力な史料は残っていない。リッチャビ王朝以降、マッラ王朝（Malla Dynasty）時代を迎え中世期が開幕するが、このマッラ王朝時代にカトマンドゥ盆地は三つの王国（カトマンドゥ、ラリプール、バグタプル）に分裂し、それぞれ独立することになる。マッラ王族はインド・アーリア語族に属するが、その出自は明確ではない。統治者としてカトマンドゥ盆地に侵入したリッチャビ王族と違い、非アーリア語族の先住民（ネワール）の社会への融合度が高い（佐伯, 1987, p.44）とされている。やがて地方の豪族らにより数多くの小王国が分立化し、ガンダキ地方の小国ゴルカ（Gorkha）が国力を高めはじめる。
　ネパールの現代史は、ゴルカ王国の成立を境に始まるが、今日に至るまで次

のように時代を区分することができる。第1期は、ネパールを全国統一したゴルカ王国のプリティビ・ナラヤン・シャハ王（King Prithvi Narayan Shah）の時代（1769～1846年）。第2期は、ラナ一族による専制政治時代（1846～1951年）。1951年から1962年の移行期を経て、第3期は、マヘンドラ王（King Mahendra）による政党を持たないパンチャーヤット民主主義として知られるパンチャーヤット制時代（1962～1990年）とする。最後に1990年の「複数政党制の民主主義の時代」（Gellner, 1994, p.4）以降について、それぞれ歴史的経緯をたどっていく。

2.1　第1期：ネパール王国の成立期

18世紀にネパールを初めて全国統一したゴルカ王国（Gorka Kingdom）のシャハ王朝は、2008年に王制が廃止されるまで王室の祖先として、プリティビ・ナラヤン王はネパール人のナショナリストにより偉大な人物として受け止められていた。

1769年にゴルカ王国による全国統一の後、ネパールはヒンドゥー国家（Hindu State）として、イスラム教やキリスト教に汚染されないように領土を守ることが重視された。そして、このヒンドゥーを基軸とするアイデンティティや倫理観は、現代においてもパルバテ・ヒンドゥー（Parbate Hindu：丘陵地帯に暮らすヒンドゥー教徒）[1]や、しばしばゴルカリ（Gorkhali）と称するゴルカ地方の人々を中心に受け継がれてきている。

彼らは北インド経由でネパールに侵入してきた民族であり、バフン（Bahuns）やチェットリ（Chetris）を頂点とし、3～4種の不可触民（Untouchable）とされる職業カーストを底辺にしたカースト制を社会に採り入れていた。ネパール語を母語とする彼らは、特にバフンやチェットリを中心に、今日においてもネパール社会の支配勢力として幅を利かせている。

2.2　第2期：専制政治時代

シャハ王朝の崩壊後、幾多の王族内の派閥争いの末、1846年にジャン・バ

ハダール・ラナ（Jang Bahadur Rana）が権力を摑み、ラナ宰相による専制政治時代に移行していく。ラナ体制成立以降、一族による10代にわたる統治が104年間続くことになる。ラナ家による専制政治は一族の繁栄のみを目指すものであったため、国家予算を発表する場もなく、国の金庫と宰相家の個人的な財布が同一のものであったという（ハーゲン, 2000, p.19）。また、ヒンドゥー教の儀礼を重視したり、1854年にムルキ・アイン（Murki Ain）という民法典においてカーストやエスニック集団の成文化を行った。ラナ家の専制政治期においては、ネパールは鎖国状態であり、近代化も実質上、阻止されていた[(2)]。

しかし、このような状態を打破しようと、1936年、反ラナ運動の一環としてネパール人民評議会が結成されるが、厳しい弾圧に制されて事態は鎮圧されてしまう。その後、第二次世界大戦後にアジア諸国の独立が相次ぐ中で、1947年1月、インドが独立したことに影響を受け、ラナ政治に反する民主化を求めて動き出していった。同時にネパール国民会議派が成立し、1951年、ラナ政治は終焉を迎えるに至る。ラナ体制崩壊後、ネパールはようやく近代化政策に乗り出していくことになる。

2.3　第3期：パンチャーヤット体制期

ラナ政権崩壊後の1950年代の大きな動きとしては、第一に、王制復古により国王の権力を取り戻すため、政治的な改革を求めたことである。これまで、歴代の国王は、ヒンドゥーの女神、ビシュヌ神の化身としての宗教的権威と政治的権力とを併せ持つ、「強大な統治者」という位置づけであった。

しかし、1960年のマヘンドラ王（King Mahendra）による王様クーデターにより親政が始まり、1962年には新たなネパール王国憲法が公布された。また、政党結社を禁ずるパンチャーヤット体制が導入された。パンチャーヤット体制とは、政党を持たない地方自治の行政執行機関の形態を指し、これ以降、約30年にわたり、体制の維持強化に用いられることとなる。結果的には、国家議会にとって直接選挙のシステムは欠かせないものであったため、国民に公開されることなく国策のための討議が行われるようになり、ますます未発達の

領域を拡大することになった。そのため、パンチャーヤット制度は内閣において国王による意思決定を決定づける王権とその体制強化策になっていった（Rana & Dhungel, 1998, p.30）。

1970年代には反体制派勢力を阻止する主旨から、「村へ帰る全国運動（Back to the village）」[3] が憲法改正（1975年）により強化され、パンチャーヤット体制の堅持が確認された（井上, 1986, p.66）。しかし、当然ながら、反政府体制の動きは活発化し、政府側はネパール国民党や共産党の指導者を逮捕するという動きに転じてしまう。そして、反パンチャーヤット体制、反王制の動きが拡大していった。彼らの主要な要求は、パンチャーヤット支配体制を解散すること、政党結社を認めること、多政党の議会選挙を行うために暫定統治を形成することであった。

1980年に行われた国民投票では、パンチャーヤット体制支持派が55％、政党制支持者派が45％と二分する結果となり、国王側はパンチャーヤット体制の改正に乗り出していく。しかし、その後も内閣において政治抗争が続き、パンチャーヤット体制は激しい権力争いを繰り広げていくことになる。これらが意味することは、パンチャーヤット体制そのものは、中央から地方への体制網を通じた行政権の行使や開発資金の分配などによる組織化を進めていこうというものであったが、結果的にネパールの構造的な経済停滞と地域の経済的不均衡の拡大を招くことにすぎなかったといえる。

また、1989年3月、期間満了となるインドとの貿易・通過条約の条約更新交渉に失敗した政府は、インドに国境を閉鎖されてしまう。インド経由で物資の輸入を行っていたネパールにとって、その打撃ははかりしれず、瞬く間に生活物資が不足していき、急激に物価上昇が起こるなど、国内経済は大混乱となり、ますます国民の反政府感情が募っていった。

2.4　第4期：不安定な民主主義体制

国民による反体制、民主化運動が拡大する中で、1990年4月、ようやくネパール国民党による初の選挙管理内閣が発足する運びとなった。

第2章　ネパール：文化的・社会的背景

表2.1：王制廃止までの主な歴史的事柄

1769年：	プリティビ・ナラヤン・シャハ（Prithvi Narayan Shah's）がカトマンドゥ盆地を征服し、ネパールを統一。
1846年：	ジャン・バハダール・ラナ（Jang Bahadur Rana）が権力をつかみ、ラナ体制を政府として設立。
1854年：	ジャン・バハダールがムルキ・アイン（民法典）を公表。
1951年：	ラナ体制の崩壊、民主化の到来（開国）。
1955年：	トリブヴァン国王（King Tribhuvan）の死去、マヘンドラ国王（King Mahendra）が継承。
1960年：	ネパール国民党（Nepal Congress Party）の選挙1年後、マヘンドラ国王はコイララ首相（Prime Minister Koirala）を拘束し（王様クーデター）、政党を持たないパンチャーヤット民主主義体制を設立（第一次民主化）。
1963年：	新ムルキ・アインの制定。
1972年：	マヘンドラ国王の死去、ビレンドラ国王（King Birendra）が王位継承。
1980年：	幾多の政治をめぐる権力闘争の後、パンチャーヤット体制が維持される。
1990年：	パンチャーヤット体制の崩壊後、民主化を迎える（第二次民主化）。
2001年：	王宮発砲事件により、ビレンドラ国王が死去。ギャネンドラ国王（King Gyanendra）が王位継承。
2002年：	11月の総選挙は無期延期となり、デウヴァ政権は解散に追い込まれる（2002年10月4日）。国王による暫定政権の後、チャンド氏率いる新政権が誕生した。
2008年：	王制廃止。共和制に移行（民主連邦共和国）。

出所：Gellner（1996）より筆者作成

　しかし、政治体制が民主主義に移行する過程において、ネパール国内の経済、政治、社会体制は、むしろ都市部と地方との経済格差を拡大させ、人々の不満が募ることになってしまった。また、憲法において、カーストの違いによる差別的な慣行や行為は厳しく処罰されるという条項が述べられているにもかかわらず、従来どおりのパルバテ・ヒンドゥーの高位カースト（バフンやチェットリ）が自らの利権を確保し続け、彼らが中心のネパール化（Nepalization）

政策にすぎないため、パンチャーヤット体制から変化がみられないのである。ネパール国民の多くは、一向に変化しない社会体制に苛立ちを覚え、それぞれの民族の立場を守ろうと、母語復権運動や少数民族を保護する動きに拍車がかかり、国の政治に不信感を募らせていくことになる。マオイスト（毛沢東主義）らの暴力的な行為もその一例である。

また、2001年6月には王宮内での発砲事件が発生し、民主化（1990年）の父として人気を評していたビレンドラ国王、および、その一家が殺害され、国王の弟であるギャネンドラ（Gyanendra）が王位を継承した。しかし、政治的混乱は鎮圧されることなく、2002年11月に総選挙が予定されていたが、国王による緊急対策として選挙は無期延期となり、すべての閣僚の解任とともに再び国王による暫定的な王制が敷かれる運びとなった（Kantipur紙, 6th, Oct, 2002）。その後、マオイストとの和平交渉や、政治をめぐる汚職や利権争いなど、解決への道は困難を極めていった。その一方、王宮における事件により国民の王室への不信感が募り、2008年に王制は廃止され、ネパールは民主連邦共和国となった（表2.1）。

第3節　文化的背景

3.1　多様な民族と言語状況

ネパールには異なるエスニック・グループやカースト（ジャート：民族）が各地域に住んでおり、そこで話される言語や宗教も異なっており、その複雑な国情は、まさに多民族・多言語・多文化国家の特徴をあらわしている。エスニック・グループやカーストの数は少なくとも約100種類にも及び、民族に連動して言語も異なっている。言語体系は、インド・ヨーロッパ語系の言語を話す人々とチベット・ビルマ語系の言語を話す人々に大別される。

図2.1は、2011年の国勢調査から得られた母語人口の状況を示す。母語は家庭内で話す言語、幼少期から話すものとして定義されている。国勢調査（2011）では、123の言語が母語として報告されている。ネパール語は、全人

口の約45％（11,826,953人）、続いてマイティリ語は約12％（3,092,530人）となっている。

1952/54国勢調査では36言語の情報収集があったが、24言語しか集計されていなかった。1961年の国勢調査では52言語の情報が収集されたが、主に36言語の集計であった。1971年の国勢調査では約20種類の言語しか集計されなかったが、国語政策諮問委員会はネパール国内には約60の生活言語があると掲載している（POPULATION EDUCATION & HEALTH RESEARCH CENTER（P）Ltd., 2016）。

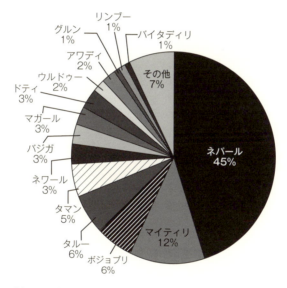

注：Central Bureau of Statistics（2011）より筆者作成。総人口に対し1％以上の言語を抽出。

図2.1：主な母語人口比

ネパール語などのインド・ヨーロッパ語系の言語を話す人々は北インドから移住してきたとされる。伝統的に西部や南部の低地や山地低部に住み、パルバテ・ヒンドゥーと称され、ヒンドゥー教を信奉し、社会にはカーストがある。また、アーリア系の人々よりも先にネパールに定住していたとされている（Rana & Dhungel, 1998, p.6）。北部チベットからやってきたチベット・ビルマ

語系の諸民族（Mongoloid）の大部分は、北部や東部、かつ高地、山地高部に居住し、民俗信仰を色濃く保持し、（ネワールは別として）カースト社会より平等的な社会をもつ。そのため、前者に比べそれほどカースト帰属が重要でない人々の間では、言語を共通にする範囲でアイデンティティを求める度合いは相対的に低いといえる（石井，1986, p.97）。また、ネパールで語られている言語の多くは書き文字をもたない（表2.2参照）。そのため、少数民族の言語においては衰退傾向にあることが否めない。近年の傾向からすれば、国全体の人口は年に平均約2％程度増えつづけているが、言語別人口でみる限り、チベット・ビルマ語系の全体的な話者人口は減少してきている。また、他方では少数民族の母語を尊重しようとした運動も行われているが、現実には、少数民族が母語を捨てて、ネパール語化していることがその理由であると指摘されている。

表2.2：ネパールの人々

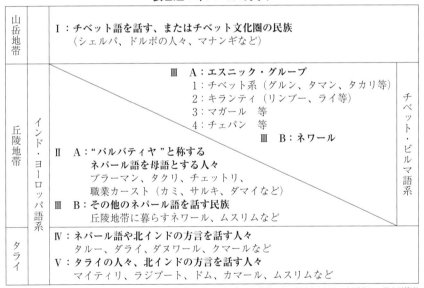

注：Höfer, A. (1979) *The Caste Hierarchy And The State In Nepal: A Study of Muluki Ain of 1854*, p.7より筆者作成

第2章　ネパール：文化的・社会的背景

3.2　ネパール化政策と言語使用状況

　ここでは、ネパール語が国語としての位置を得るまでの歴史的な経緯を簡単にみていこう。ネパール語は元来、ネパール西部で話されていたインド・アーリア系の言語にすぎず、また、もともとは「ネパール語（Nepali）」という名称ではなく、「カス語（Khas）」または「山の人々の方言（Parbatiya）」などと呼ばれていたという。当時（18世紀以前）のネパール西部では、チベット系の民族が優勢しており、後のシャハ王朝の成立を機にカス語を話す人々が勢力を拡大していき、ネパール中部にあったゴルカ王朝を征服していった。

　18世紀に入り、カス語の話者人口が優勢になっていくとともに、ゴルカ王朝はプリヴィティ・ナラヤン・シャハ王の統治下において、カトマンドゥ盆地にあった三つのネワール系の王国（カトマンドゥ、ラリプール、バグタプル）が征服され、これにより1768年に初の統一王朝が成立した。もともと、これら三つの王朝を築いていたネワールは、チベット・ビルマ語系の言語を話す民族であり、長い歴史の過程でインドから伝来されてきたヒンドゥー文化の影響を受け、独自のカースト体系を持つように社会形成がなされていった。また、元来「ネパール」とは、ネワールの暮らすカトマンドゥ盆地を意味する言葉として使用されていた。

　今日、「Nepali（ネパール語）」というと、先述のカス語を祖先とするインド・アーリア系の言語を指すが、もう一つ別の表現として、「Nepal Bhasa（ネパール語）」とする表現があり、こちらはネワールの母語であるネワール語を意味する。また、ネパール政府は1950年代以降、国民統合という観点から国語であるネパール語の普及を推進してきているが、ネパール語が公的な場で強制されはじめたのは20世紀初頭からであり、当時はネパール語以外での出版物は禁止されていた[4]。王政復古（1950年）後、特に1960年のマヘンドラ国王による王様クーデター以降、教育やメディアにおいてもネパール語の普及拡大が強化されていった。現憲法においては、ネパール国内で話されているすべての言語は「国民語（rastryabhasa）」として認められているが、その言語使

用状況については、難題を抱えている。

　言語数は、判明している限りで60数種にも及び、特に少数民族の言語は記述的研究が少なく、言語の境界も不明確であり、かつ、言語数や話者数も把握が不充分であることによる。また、書き文字を持たない少数民族語は多くの方言に分かれているため、お互いに異なる方言で話すことも多々あり、会話も通じないこともめずらしくない現状にある。例えば、カトマンドゥ盆地で使用されているネワール語と、ドラカ郡で話されているネワール語との相互可通率（mutual understandability rate）は、およそ40％以下であるという。こうした状況はネパールに限らず、ある言語を「○○語」と呼ぶか「○○方言」と呼ぶかという問題になってくるが、一般的には社会文化的な背景で決められており、それが言語学的基準に従った場合と必ずしも一致しないことがある（西, 2000）。

　現在、国語として、また公用語として用いられているネパール語は国民の約半数が話者人口となっている。ハット（Hutt, 1988）によれば、ネパール語には三つの側面があるという。第一に、カトマンドゥ方言の口語としてのネパール語が主流となっていること。第二に、日常の読み書きに用いるネパール語。第三に、学問や行政に使用される高度なネパール語、である。高度なネパール語とは、そもそもネパール語は語彙数が少ないため、サンスクリット語や英語からの借用語が非常に多い。そのため、ネパール語の読み書きを学んだだけでは新聞やテレビなどのメディアを通して正確な内容を把握することは不可能であり、少数民族には理解が困難であるといえる。

　都市部を基準にすれば、ネパール語の母語人口に加え、その他の民族であってもネパール語の話者人口は多いため、ネパール語の識字率の向上に向けた施策は目標値に近づく可能性はあるだろう。しかし、山間部やタライ地方の人々においてはネパール語の話者は限られている。学校教育の中でネパール語を習得することが目指されているが、徒歩での通学圏内に学校が存在せず、物理的にアクセスすることすら難しい場合もある。また、憲法にて母語による初等教育が保障されているが、言語の標準化、書法の開発、教科書の開発、教師の研修や授業法等、整備しなければならない難題が山積している[5]。

3.3 カーストによる社会構造

　ネパールの社会を語る際、カーストの説明を抜きにすることはできない。カースト（caste）とは、ポルトガル語のカスタ（血統）を語源とする言葉であり、インド諸語においてはジャーティー（生まれ）という言葉がそれに対応する。それゆえ、カースト（ジャーティー）とは、何らかの血縁的な紐帯により結合した具体的な人間集団と考えられる。

　一方、カースト制度とは、様々なカーストが形成されていく中で、それらの間に上下の序列関係が形成され、地域ごとに自生的社会秩序として形成されていった社会的身分制度という性格のものである。ネパールにおけるカースト制度の成立期については特定されてはいないが、銅板文書や碑文などの歴史資料において確認されるのが紀元後10世紀頃からであるため、その頃が形成期と考えられている。

　このカースト制度の序列関係について、ヒンドゥー教の古典であるマヌ法典によれば、人間をバラモン（祭司階級）、クシャトリア（統治者階級）、ヴァイシャ（一般庶民）、シュードラ（上位三ヴァルナに奉仕する階級）に区分される。このヴァルナ四姓を大枠とする社会理論は紀元前8世紀から紀元前7世紀にかけて成立したものとされており、紀元後数世紀においては、これらの下にさらに不可触民（アスプリシュヤ）が付け加わり、五ヴァルナ制となった。カースト制度の成立に先立って、このような社会的分業の考え方に基づく社会理論が存在していたのである（小谷, 2002, pp.117-118）。

　ネパールにおいてこの四種姓は、ブラーマンはバフン（司祭）、クシャトリアはチェットリ（役人）となり、それぞれに下位区分をもつ。ヴァイシャは別の形で存在し、シュードラはカミ（鍛冶屋）、サルキ（皮革職人）、ダマイ（仕立屋、楽師）などのような職業カースト（不可職カースト）に大別される。しかし実際には、これらの区分に加え、様々な名称をもった多くのカーストが存在するため、必ずしも先述の四種姓に当てはまるものではない。

　歴史的な経緯としては、ネパールにはもともと、「カースト（＝ジャート）」

に基づく生まれながらにして付与される社会的身分制度は存在していなかった。ネパールは多民族国家であり、その民族構成は、チベット・ビルマ語系の民族とインド・ヨーロッパ語系の民族に大別される。有史上、確実に存在したのがリッチャビ王朝（5〜9世紀）であり、カトマンドゥ盆地を中心に、ヒンドゥー教と仏教両方を擁した文化が栄えた。その頃のカトマンドゥ盆地の民衆がチベット・ビルマ語系の言葉を話す人々であったことは確実であると報告されている（石井, 1997b, p.14）。

従来、チベット文化圏には、カーストという概念は存在しないが、リッチャビ王朝以降にカトマンドゥ盆地にインド系の人々（パルバテ・ヒンドゥー）がヒマラヤ山麓沿いに移住してきた流れがあり、14世紀のスティティ・マッラ（Sithiti Malla）王の時代（1382〜1395年）に法制化され、64の種姓に分け、職業、生活をカースト制に従わせる慣習を定着させたため、より強固な社会制度となっていった説がある。時代の経緯において、土着の人々を自分たちの保持していたヒンドゥー社会の価値観や社会システムの中に組み入れ、融合していったとされる。それゆえ、カーストは国家に保護されたイデオロギーであった（Höfer, 1979）。

現在では、すべてのカーストの平等は保障されているが、法的な規定として定められただけにすぎず、人々の日常生活における様々な慣習や制約は未だ残存している。例えば、高カーストと食事を共にすることは低位カースト層には許されず、高カーストは低位カーストから手渡しで水を受け取ることができないというように、日常生活の中でカーストの違いによる制約を無視した振る舞いは許されていない。今日においても旧民法典が制定した「浄－不浄」の観念で表される「穢れ」の意識は、人々の心の中に深く根付いているといえる（表2.3参照）。

しかし、今日の都市部を中心に近代的な職業の広がりや社会構造の変化につれて、隣接するカースト間の垣根が低くなり、通婚の範囲も拡大するなど、「緩やかなカースト制度への移行」が指摘されるようになってきている。

表2.3：ムルキ・アイン（旧民法典）におけるカースト・カテゴリー

カースト・カテゴリー	カースト・グループ	食物授受の方向	
		食事	水
水を与えられる pure caste	Ⅰ：聖紐を身につけたカースト	↓	↓
	Ⅱ：奴隷化不可能な飲酒のカースト	↓	↓
water-line	Ⅲ：奴隷化可能な飲酒のカースト	↓	↑
水を与えられない impure caste	Ⅳ：水を与えられないが可触のカースト	↓	↓
	Ⅴ：水を与えられず不可触のカースト	↓	↓

出所：Höfer（1979）p.22および名和（1997）p.49より筆者作成

第4節　開発の狙い手＝NGOの存在について

4.1　ネパールのNGOとは

　今日、ネパール国内にはNGO（民間組織）が無数に存在しており、1997年の調査時点では、NGO（国内NGO、国際NGO含む）の数は約15,000にものぼるとされていた。1990年の民主化以降、政府がNGOの存在を「開発の担い手」として認めるようになったことから、急激に増加していった背景がある。

　ネパールの社会には、従来から奉仕の精神が社会的、宗教的にも育まれており、その結集力は強いと言える。具体的にはパティ、パウワ、チャウタリ、グティといった、日本における「講」のような形態をとる組織が今日でも地域社会の中で役割を担っており、祭事や儀礼などの際は不可欠な存在である。そのような文化的背景を考慮すると、NGOが急増する理由の一面が見て取れるが、国家統一以来、国王が絶大な権力を保持していたことに加え、パンチャーヤット体制下においては、市民が組織的に結集して社会活動を行うことなど、反政府組織とみなされ、その規制も厳しいものであった。

　1977年に制定されたSamjik Sewa Ain（社会奉仕法）では、既にNGOに関する定義がなされた。それによると、NGOとは、「社会の全般的な繁栄をもた

らすことが主目的とするもの」であり、翌年の1978年には、NGOは六つの委員会からなる全国社会奉仕協議会（SSNCC）の管轄下に引き継がれていった（Maskey, 1998, pp.68-69）。当時のパンチャーヤット政権下におけるNGOの存在とは、様々な社会活動の運営、維持、促進を円滑にするためのものであったが、政府による統制下に置かれていた。

民主化以降、開発政策における活動の規制が緩和しはじめたことにより、新政府はそれまでの中央集権化を改め、地方分権化と民間による事業促進を目指すこととなった。1992年7月に開催された国家会議では、600のNGOの代表者が招集され、当時のコイララ（Koirala, G.P.）首相により、「政府は社会活動を行う組織を統制しようと望んでいるのではなく、むしろ奨励しようとするものである。また、活動を通じて得た情報提供を望んでいる」（Maskey, 1998, p.89）とコメントするに至っている。そして、各種開発事業における「パートナー」という役割が付与されることになった。

ネパールで活動しているNGOを国内と外国支援による国際NGOに分け、その関係を整理すると次のように分類することができる。

1) 資金援助者である国際NGOのみがプログラムの実行役であり、国内NGOはまったく介在しないケース。
2) 全活動プログラムが資金援助者である国際NGO、実行役である国内NGO、受益者（例えば地域住民）といった三者協同によって調整、実行、監視されるケース。
3) 資金援助者である国際NGOが直接プログラムに関わらないケース。この場合、国内NGOの自助努力を養うことを念頭に置いているため、その組織化を支援するのみであり、活動は地域の専門スタッフやグループが行う。
4) 上記の三つのケースに該当せず、資金援助者である国際NGO、実行役である政府機関、地域協力者である国内NGO、と個々に分業化されているケース。

(Maskey, 1998)

国際的な規模をもつNGOは特に都市部に集中している。そのため、近年では、農村開発に力を入れているNGOも増えており、1) のような外国支援によるNGOが何らかの道筋をつけて、将来的には地域の国内NGOに活動を引き継いでいく例もみられる[6]。

4.2　NGOをめぐる批判と課題

　NGOの存在が実質的な開発政策の主導的役割を付与されるに至った今日、NGOそのものに向けられるネパールの人々のまなざしとはどのようなものなのであろうか。一般には、各々の地域でNGOの活動は好意的に受け入れられていると考えられるが、今日、教育支援に携わるNGOの活動をめぐり、おおむね次のような批判があげられている。

　第一に、NGOは本来、支援されなければならない人々の立場を無視したものが多く、「商業主義的で、ある特定の集団のみをターゲットにし、プロジェクトの報告やプログラム開発を優先にしようとする」(Khanal, 2001, p.67) 実態があること。第二に、多数のNGOが存在するにもかかわらず、互いに経験を共有したがらず、NGO間のネットワークが築かれていないこと。第三に、単独で成果をあげようとするため、同種の活動を行っている団体同士の競合が目立つこと (Thladhar, 1999, p.150)。第四に、「開発」という用語を乱用し、プロジェクトの資金援助を招くことが主目的となってしまっていること、である。

　開発プロジェクトにかかわる組織には、何らかの手立てで利益に与ろうとする例が多く、地域住民には十分に支援が届かない。そのような体質が蔓延しているため、「開発（ビカス）は外国からのサービスであり、NGOは地域の上層部（又は有力者）の人々に占有されている」といった見方が住民の間でも生じてきている。

　民主化以降、都市部を中心に多数のNGOが乱立してきた様を見る限り、今日のネパール社会は開発案件の「市場」と化しているといえる。

注

(1) ネパール語を母語とし、ブラーマン（Brahmin）、チェットリ（Chhetri）、その他の職業カーストのように、ほぼ1,800メートル以下の山地を故地とするヒンドゥー教徒をさす。現在のネパールの約半数はパルバテ・ヒンドゥーにより占められているとされる。パルバテ・ヒンドゥーの人々の祖先はヒマラヤの南麓沿いに西から入ってきたアーリア系の人々であったらしいが、史料に現れるのは、マッラ王朝時代に入ってからである。

(2) ネパールの歴史は19世紀初めまでは、カトマンドゥ盆地の歴史そのものと言ってもよい。かつて、「ネパール」といえば、カトマンドゥ盆地をさしていた（ハーゲン，1990, p.115）。

(3) 社会改革、農村開発、農業振興などを目標に掲げ、大臣以下各レベルのパンチャーヤット委員はこの運動に参加し、地方の各計画の推進に積極的に携わることが義務づけられた。そのねらいは、農村に目をゆきとどかせて反政府活動を排除する体制づくりであった。

(4) 18世紀のゴルカ王朝時代には、ネワール語とサンスクリット語を文語に使用していた。

(5) 通学の際、山間部の子どもたちは急斜面を登り降りしながら、また、タライ地方ではジャングルに近い道なき道を徒歩で行き来することになる。容易に片道2時間ぐらいはかかってしまうことも少なくなく、中途退学を招く要因になりやすい。このような物理的事由から、都市部と地方との教育格差が顕著に現れる事態を招いている。また、ネパール語を中心とする学校教育に対し、少数民族の母語の発展が主張されているが、仮に、ネワール語による学校教育が行われたとしても、人々の志向は母語では不利になる現状を把握しており、今日では英語の普遍性を意識する富裕層の人々が、子どもにネパール語に加えて英語による教育を受けさせることを望む傾向が強くなっている。また、英語による初等・中等教育を受けた者が、高等教育を外国で修めるケースも増加しており、留学後に帰国しない者も少なくない。

(6) 現在、ネパールで国際協力活動を実施するには、法律上、ネパールのNGOを現地カウンターパートとし、協働することが求められている。NGOの登録については、女性・子ども・社会福祉省（Ministry of Women, Children and Social Welfare）管轄の下に、社会福祉協議会（SWC：Social Welfare Council）が登録業務を行っている。

https://www.jica.go.jp/nepal/office/about/ngodesk/index.htm（2017年11月15日参照）

第3章

ネパールの教育開発政策の動向

●小学校で学ぶ子どもたち（筆者撮影）

本章では、ネパールにおける教育開発の経緯を、外国との交渉を始めた1951年～1970年までを開国期とし、第1期：開国期における教育事情（1951～1970年）、第2期：新教育計画（National Education System Plan）の実施とその反省期（1971～1980年）、第3期：人間開発主義への移行期（1981～1990年）、第4期：民主化以降の教育開発政策（1991年以降）の四つに時期区分大別し、それぞれ分析する。

第1節　第1期：開国期と近代国民国家の建設に向けて　　　（1951～1970年）

　1951年以降、ネパールは外国と交渉を始めることになり、事実上開国となった。教育省が設置された時点では、ネパール国内には小学校が321校存在しており、8,505名の児童が就学していたという。しかし、国全体の識字率は、およそ2％にも満たないものであり、初等教育レベルの就学率もわずか1％程度であったと報告されている（Shrestha, 1982）。当時の小学校では、授業のカリキュラムや言語に統一がみられず、ネパール語、英語、サンスクリット語、チベット語（仏教）、アラビア語（イスラム教）などを教授言語とする学校が散在しており、その内容は宗教色の濃いものであった。また、教育とは、宗教機関の高僧などの選ばれた人々の特権であり、主にヒンドゥー教や仏教を中心とした宗教機関における僧侶養成を目的としており、現在の教育の概念からは、およそかけ離れたものであった。基礎教育の普及に向けた動きは、幾度か高まっていたにもかかわらず、104年間もの間（1846～1950年）続いていたラナ政権下では、広く国民を対象とした初等教育の普遍化は、事実上、阻止されていた。ラナ政権の主な教育施策とは、第一に、ラナ家の子どもたちにはイギリスをモデルとする西洋式の教育を受けさせること。第二に、インドの軍隊に入隊させるために必要な基礎的な読み書き能力を習得させること。第三に、サンスクリット教育を行うことであった。
　1953年に教育法が制定され、翌年にはネパール教育計画委員会（Nepal Education Planning Committees）が設置された。同委員会では、識字率の向

上、基礎教育の普及、高等教育の基礎レベルの確立、市民としての訓練、国家建設に貢献することなどの方針が提出された（田中, 1989, p.32）。また、1956年から国家の開発における抜本的な計画をまとめた第1次国家計画が実施され、教育開発は国家計画の重要事項として位置づけられていくことになる。

　1960年代に入り、マヘンドラ国王による統治下では、政治体制は政党を持たないパンチャーヤット体制へと移行し、ネパールの政治は大きく転換期を迎えることになる。パンチャーヤット体制下では、1961年に国家教育委員会（All Round National Education Committees）が設置され、国王と国家への忠誠心、宗教的寛容性の育成、大麻、酒等の禁止などの項目が優先事項に掲げられた。特に、近代国民国家の創設に向けて、国王を頂点とする中央集権国家体制を強化していった時期でもあった。

第2節　第2期：新教育計画の実施とその反省（1971〜1980年）

　1970年代に入り、第4次国家計画（1970〜1975年）の政策期において、1971年から新教育計画（National Education System Plan、以下NESP）が実施された。NESPでは次のような改革がなされた。

- これまでの5年制の初等教育に代わり、短期の3年制を導入。
- 中等教育の段階に職業教育を導入。
- 高等教育レベルにおける技術教育の強調。
- 初等、中等、高等教育のカリキュラムの新編成および教科書の作成。

これらに加えて、識字率の向上、一般的な知識、国家への忠誠心、農業などの職業に対する指導が念頭に置かれた。

　NESPの実施は、ネパールの教育史にとって画期的な出来事であったとされている。それは、教育の一般化を図るため、教育政策を国家開発の必要条件と

位置づけ、教育開発分野への投資を促したことにある。これまではインドの教育制度を踏襲するものであったが、1971年以降、ネパール独自の教育開発が実施され、現在の教育制度の基礎となっている。さらに、第5次国家計画（1975～1980年）においては、1974年に初等教育無償化、1978年には小学校教科書の無償配付されるようになり、国語の授業としてネパール語を学ぶカリキュラムが導入されるようになった。

　1970年代における教育開発戦略は、国の経済発展は人的投資、すなわちマンパワー理論の視点から行われ、中等教育における職業教育の導入に力が注がれた。しかし、1978年に行われた職業教育プログラムの調査では、次のような結果が報告されている。

　第一に、職業教育修了後の卒業生の雇用機会が乏しいこと。第二に、教員の能力不足。第三に、教育における中央集権の進行と教育の官僚統制の強化、第四に、都市部と地方との格差の拡大化、などがあげられ、国の財政的基盤も危うい中、職業教育プログラムは進展しなかった。よって、NESPのカリキュラムは撤回されることになり、結果的に以前の体制に逆戻りすることとなった。

第3節　第3期：人間開発主義への移行期（1981～1990年）

　1980年代に入り、第6次国家計画（1980～1985年）の政策下においては、国際社会の動向を鑑み、急速な生産性の向上、雇用機会の増加、国民のBHN（人間の基本的なニーズ）を確保することが念頭に置かれはじめた。国際社会における開発戦略に準拠し、1970年代の経済発展のみを重視した政策から人間開発主義に傾斜してきた反省期でもあった。中等教育における職業教育プロジェクトは改められ、機能的識字や初等教育などの基礎教育を重視する政策へと移行していった。

　第7次国家計画（1985～1990年）においては、新しく1,000校の小学校が設立され、教員も大量に採用されるなど、量的な拡大を遂げていくこととなる。そして、国際社会における教育援助の流れが初等教育に注がれることとなり、

外国資本における基礎初等教育プロジェクトが実施される運びとなっていく。また、このような動きは、1990年にタイのジョムチェンで開催された「万人のための教育」世界会議（以下EFA世界会議）における政策提言を受けて、さらに初等教育重視の開発政策が進行していくことになる。

第4節　第4期：民主化以降の教育開発
　　　　～基礎教育重視の教育政策へ～

　1990年はネパールの歴史においては重要な節目の年でもある。1960年から30年間続いたパンチャーヤット体制が崩壊し、民主主義体制へと移行したことは、人々の暮らしが大きく変貌していく契機となった。複数政党からなる議会制民主主義が誕生し、新政府における90年代の主な教育開発政策は次のとおりである。

1991年：基礎初等教育マスタープラン（～2001年）作成
1992年：国家教育委員会の設置
　　　　：第8次国家計画（1992～1997年）
　　　　：基礎初等教育プロジェクト（BPEP）の開始（～1998年）
1996年：10年生まで授業料無償化
1997年：第9次国家計画（～2002年）
1999年：基礎初等教育プロジェクトⅡ（BPEPⅡ）実施（～2004年）
2002年：第10次国家計画（～2007年）

　ネパール政府はEFA世界会議により提起された「EFA行動枠組み」に準拠し、基礎初等教育の普及、拡大に向け、次のように推進策を示した。
　第一に、基礎初等教育のマスタープラン（The Basic and Primary Education Master Plan：1991-2001）が作成されたことである。教育関係者を中心に作られたこのプランは、2000年までに初等教育の普及、識字率の向

上を目指そうとするものであった。第二に、新政権による国家教育委員会（The National Education Commission）が設置されたことである。「EFA世界会議」や同年の国連の「子どもの権利サミット」による政策方針を受けて、基礎初等教育とは基本的人権として、また、貧困の撲滅という二つの側面から定義されるものでなければならないものであるとし、これまでの教育体制の改善を図ることが設置目的とされた。新政権ではあらゆる施策の中で基礎初等教育を優先的に扱う方針を固め、また、国内の少数民族やエスニック・グループに対する教育支援も怠らないことに努める意向が提示された。第三には、基礎初等教育プロジェクト（The Basic and Primary Education Project：以下BPEP：1993-1998）の計画とその実施である。この計画は、主に学習する機会や学習状況の改善を促進するための計画であり、国際援助機関による資金援助により成り立っている。主なプロジェクト内容としては、初等教育のカリキュラム開発、教科書、指導者用の教材、補助教材の開発、学校や情報センターの設置、教員用の手引きやプログラム、ノンフォーマル教育のプログラム開発、女性のための教育プログラムなどが中心である。第四に、基礎教育開発プロジェクト（The Primary Education Development Project：以下PEDP）の計画と実施である。PEDPは前述のBPEPの補完的な役割をなす政策である。主に、教員の指導体制の開発に重点をおいており、国家教育開発センターや教員用のトレーニングセンターを設置し、研修を受けていない小学校の教員や小学校校長を対象にした学校経営のための研修に活用することを目的としている。

第5節　基礎初等教育の現在　～1990年代以降を振り返って～

1990年代以降、EFAに基づく教育開発政策により、ネパールの基礎初等教育をめぐる状況は大きく進展した。1990年代における就学者数、教員数、小・中学校数は、右上がりに増加していった（図3.1、図3.2、図3.3、図3.4参照）。また、近年の初等教育レベルの総就学率は130.1％、純就学率は約95％と上昇傾向にある（図3.5参照）。

第3章 ネパールの教育開発政策の動向

出所：Central Bureau of Statistics (2004) より筆者作成

図3.1：90年代における小学校、中等教育の生徒数の推移

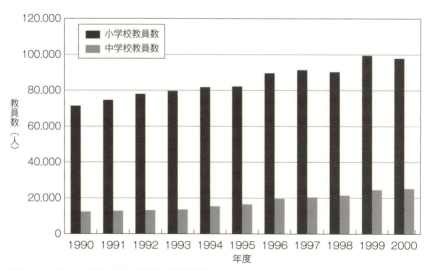

出所：Central Bureau of Statistics (2004) より筆者作成

図3.2：90年代における小学校、および中学校教員数の推移

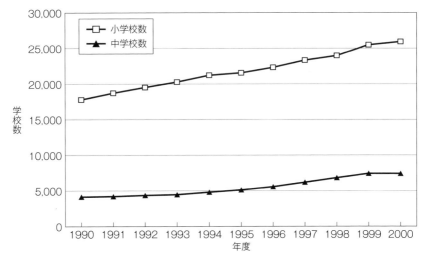

出所：Central Bureau of Statistics（2004）より筆者作成

図3.3：90年代における小学校、中学校数の推移

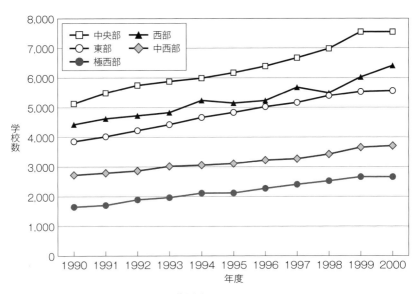

出所：Central Bureau of Statistics（2004）より筆者作成

図3.4：90年代における開発区別小学校数の推移

第3章 ネパールの教育開発政策の動向

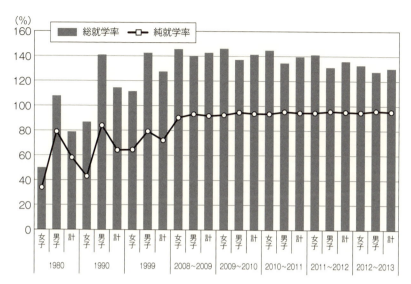

出所：World Education Report 1991、HMG, Educational Statistics of Nepal 1997, 1999、Education For All National Review Report 2015, UNESCO Kathmandu Officeより筆者作成

図3.5：初等教育における総就学率、純就学率の推移

表3.1：初等教育における女子の進級、留年、中途退学の割合 (%)

	進級				留年				中途退学			
	2006		2012		2006		2012		2006		2012	
	計	女子	計	女子	計	女子	計	女子	計	女子	計	女子
Grade1	49.3	52.0	72.5	73.1	29.8	32.0	19.9	19.7	20.9	16.0	7.7	7.2
Grade2	73.6	73.3	87.8	88.1	16.1	15.4	7.9	7.9	10.3	11.3	4.3	4.0
Grade3	76.6	76.1	89.4	89.6	13.1	12.8	7.1	7.0	10.3	11.1	3.5	3.4
Grade4	75.4	74.5	89.4	89.4	13.1	12.9	7.1	7.1	11.5	12.6	3.5	3.5
Grade5	74.8	74.8	88.7	88.9	10.4	10.2	5.3	5.2	14.8	15.0	6.0	5.9

出所：Education For All National Review Report 2001-2015, UNESCO Kathmandu Officeより筆者作成

　しかし、現在においても学校教育にアクセスすることさえできない状態に置かれている学齢期の児童が多く存在することや、初等教育レベル（Grade1～5）における女子児童の進級、留年、中途退学の問題は、なおも課題となっている。小学校1年生の段階で、進級する児童は72.5％、留年は19.9％、中途退学は約7.7％と報告されている（表3.1参照）。

教育予算は国家予算全体の約15%程度であり、その内の大半は初等教育に充当されている。初等教育費の支出割合は約90%が教員の給与（人件費）であり、学校の設備や児童が就学しやすい環境づくり等に支出される費用割合は極めて少ない。教員の側からすれば低賃金のために教員の給料だけでは生活できないとし、他の仕事と兼業している者も少なくはない。

　また、2009年より、従来の5年間の初等教育の期間が見直され、Grade1〜8（5歳から12歳）と拡大されることになった（UNESCO Kathmandu, 2015, p.60）。前期中等教育（Grade9〜10）、後期中等教育（Grade11〜12）を修了すると、合わせて12年間の初等中等教育を修了することになる。学校改革計画（2009年〜2015年）によると、EFAの課題に応えるため、下記のような計画が検討されている。

- 初等教育の完全普及を実施するために、Grade 8まで就学年齢を延長すること。
- カリキュラムや教科書は、適切な技能、内容に応じるものとすること。
- 国により定められたカリキュラムに基づき、学校のカリキュラムを改善していくこと。
- 教員の資格取得や研修を強化すること。
- 基礎初等教育段階におけるICTに関する知識を提供していくこと。

（UNESCO Kathmandu, 2015）

表3.2：初等教育、中等教育における地域別就学状況

	初等教育 (Grade 1〜5)			初等教育 (Grade 6〜8)			前期中等教育 (Grade 9〜10)			後期中等教育 (Grade 11〜12)		
	女子 %	男子 %	男女計 (人)	女子 %	男子 %	男女計 (人)	女子 %	男子 %	男女計 (人)	女子 %	男子 %	男女計 (人)
ネパール全土	50.4	49.6	4,135,253	50.5	49.5	1,859,359	51.8	48.2	958,502	54.5	45.5	492,984
東部	50.4	49.6	777,538	50.6	49.4	377,496	53.1	46.9	191,452	60.3	39.7	85,498
中央	51.1	48.9	1,454,551	50.0	50.0	579,000	51.0	49.0	299,793	52.2	47.8	175,757
西部	48.6	51.4	734,107	49.6	50.4	371,310	50.6	49.4	203,446	51.4	48.6	116,202
中西部	49.8	50.2	700,207	50.8	49.2	314,298	52.2	47.8	146,684	59.8	40.2	59,253
極西部	52.2	47.8	468,850	52.9	47.1	217,255	53.2	46.8	117,127	54.0	46.0	56,274

出所：HMG, Ministry of Education At a Glance 2016より筆者作成

今日では、初等教育段階における男女間の就学状況に大きな格差は見られないが、表3.1でみたように、初等教育レベルにおける留年、中途退学の割合は女子に多く見られることや、そもそも、教育にアクセスすることが困難な要因として、下記のような指摘がある。

- 家事労働の重圧。
- 教師の無断欠勤による授業の中止により、就学意欲が減少するため（小学校の授業日数は1年間に180日と定められているが、予告なしに欠勤する教師が多く、正規の授業日数は完備されていない）。
- 遠隔地においては、自宅から学校までの通学距離が遠く、物理的に毎日通学することが不可能であること。特に、女児の場合は通学時間が問題となっている。
- 両親が就学経験に乏しい場合が多く、子どもの教育における理解が得られないため。
- 就学に対するカーストやエスニック・グループにおける差別が存在するため。
- 母語による教育支援が行われていないため、学習意欲が湧かないこと。

(NESAC, 1998, pp.78-79)

子どもたちが学校教育から遠ざけられている上記の主だった理由の解決策として、政府はコミュニティスクールの設置や学校外児童のためのノンフォーマル教育プログラムを推進してきている。しかし、ジェンダーの視点を考慮すれば、遠隔地の低位カースト層の女子、または、少数民族の貧困層の女子が教育の機会から阻害される傾向にあることが浮かび上がってくる。社会、文化的な要因から、南アジア地域は女子の教育に対する阻害要因が慣習としても根強く残っていることが示されている（GMR EFA Global Monitoring Report 2015, 2016）。

国際社会は、2030年までに「持続可能な開発目標（SDGs）」を掲げ、世界的規模で克服すべき課題に取り組もうと動き出しているが、教育におけるジェンダー平等の達成に向けた取り組みの重要性が、なお一層、求められよう。

第4章

ノンフォーマル教育プログラムについて

●成人女性の識字クラス(筆者撮影)

1951年以降、ネパールは国際的な枠組みの下で支援を受ける中で、多くの教育開発プロジェクトを実施してきた。とりわけ、EFA運動の下、若年層の教育へのアクセスは大きく進展した。しかし、直近の15歳以上の成人の識字率は男性75.2％、女性51.9％であり、ネパール国民の約4割の人々がネパール語の読み書きができない非識字状態に置かれている（図4.1参照）。そのため、ノンフォーマル教育プログラム[1]が重要な役割を担っている。ノンフォーマル教育プログラムは主として国語、および公用語であるネパール語の初歩的な読み・書き・計算の習得を主目的とし、学校外の児童や成人女性を対象に実施されている。本章では、これまでのノンフォーマル教育の経緯とその主要な取り組みである識字教育について検討する。

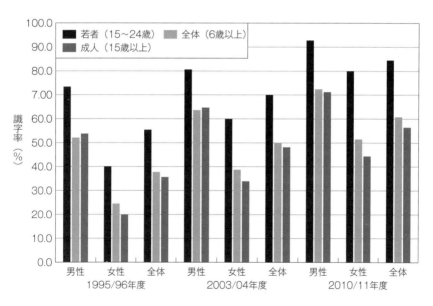

出所：Unesco Kathmandu（2015）より筆者作成

図4.1：近年の識字率の推移（％）

第4章 ノンフォーマル教育プログラムについて

第1節　ネパールにおけるノンフォーマル教育プログラム

　教育省が設置された翌年（1953年）、政府は成人のための識字教育に向けた体制を整備するため、米国国際開発庁（USAID）の協力により、世界識字基金（World Literacy Foundation）のフランク・ローバッハ博士（Dr. F. Laubach）を招へいし、読み書きのスキルを特化して学ぶ識字教育の教材作りを依頼した（NPC, 1956, p.153）。

　ローバッハ博士を中心に調査チームが編成され、成人の識字教育用の読書教材が開発された。第1次5か年計画が開始された1956年から、「成人教育プログラム（Adult Education Program）」と称する成人のための識字教育が実施された。当時のプログラムは3か月を1サイクルとしたプログラムであったが、後に6か月を1サイクルとするプログラムに変更され、農業、健康に関する知識を含めたカリキュラムを含む機能的識字レベルのプログラムへと拡張していった。その後、読み、書き、計算の習得を中心にした6か月の基礎コースに加え、健康、農業、そして社会科学を含む3か月のポスト・リテラシー（継続学習期間）を合わせた9か月のプログラムへと発展していく。

　1970年代に入り、ネパール教育計画委員会(NESP)の設置により、成人が日常生活において問題解決が可能となる知識やスキルを提供する機能的な識字教育の必要性が強調されていく。1977年には、教育省は国立トリブヴァン大学の附属機関であるCenter for Education Research Innovation and Development（以下CERID）を設立した。そして、農村地域にもノンフォーマル教育を普及するためのより効果的な方策を開発するために、米国のNGO, World Educationとの開発チームを編成した。数年後、『ナヤ・ゴレト（新しい小道）』と称する識字教材を用いる6か月間の識字プログラム（基礎コース）が開発され、ネパール初のNational Literacy Programが誕生した（表4.1、表4.2参照）。以降、1970年代後半に誕生したこの識字プログラムが今日においても実施されている。しかし、この当時のノンフォーマル教育に対する政府の方針

では、成人の識字教育プログラムを国家の発展要素として位置づけてはいなかった（CERID, 1994）。

表4.1：基礎コースの学習内容

仕事と暮らし、飲料水、農業、集落、人々、衣服、貧困、収入向上、子どもの教育、地すべり、一夫多妻、技能、搾取、賄賂（法律と不正）、家族計画、保健衛生、森林、非識字状態であること、火事、女性（性差別）、村落開発委員会、カースト、医療、グループ作り、クレジット

出所：筆者作成

表4.2：成人識字教育のプログラム構成

基礎コース	中級コース	上級コース
ナヤ・ゴレト（6か月）	ガウンベシ（6か月）	ハムロ・イラム（3か月）
村落の問題一般	実用的な知識、技能	収入向上、女性の経済的自立

出所：筆者作成

1980年代後半の第7次国家計画（1985～1990年）では、さらに大規模な政策キャンペーンとして識字プログラムが取り組まれるようになり、読み書きが国民一人ひとりに欠かすことのできないスキルであることが強調されていくことになる。また、1980年代後半のもう一つの動きは、1988年からBasic and Primary Education Project（以下BPEP）が開始され、その中で、女性のためのWomen's Education Programが展開されたことである。このプログラムの目的は、識字教育に加えて、女性の自立更正を目指す所得向上のスキルやトレーニングの機会を提供することであった。

今日、識字教育を中核とするノンフォーマル教育プログラムは、教育開発政策の根幹であると位置づけられ、年間におよそ20万人もの人々を対象にプログラムを実施したと報告がなされている。プログラムの具体的な指針は、以下のとおりである。

- 識字教育を通して、日常生活における収入向上に役立つスキルや知識を身につけること。
- 8歳から14歳までの男女で未就学の児童や初等教育の中途退学者を対象に、学

校教育に参加、または復学させる働きかけを行うこと。
- ポスト・リテラシーや継続教育を調整することに努めること。
- 社会から非識字状態にある人々を根絶することを目指し、識字教育のキャンペーンを実施すること。
- 様々な識字のレベル（基礎、中級、上級）を設定し、学校教育のレベルに合わせること。
- 成人女性（15～45歳程度）までを主な対象とし、識字を通じて、女性のエンパワメント、社会参加、貧困の撲滅をはかること。
- 成人女性の場合、過去の学習歴を考慮し、状況に、学校教育を履修したものとみなす措置をとること。

ノンフォーマル教育という「学校外の組織化された学び」の必要性は、開発途上国を中心に年々増してきており、その重要性も明確なものとなってきている。ようやく、学校教育とノンフォーマル教育との制度面でのリンク（復学の措置など）や、過去の学習歴を考慮した措置が取られて始めている[2]。しかし、学習者の継続的な学びを支援する仕組みや、補習学習などのサポート体制が十分に行われていないため、ノンフォーマル教育には限界があるのではないかという指摘もある。日本のユネスコ協会連盟などの外国からの民間支援、協力により、Community Learning Center（以下CLC）を設立し、地域社会における学習の機会を確保する動きもある。しかし、現在の教育予算全体におけるノンフォーマル教育の割合は、学校教育に比べ圧倒的に少なく、全体のわずか2％程度である。政府としてのノンフォーマル教育に対する関心の低さが指摘されている[3]。

第2節　識字教育のアプローチの検討

ネパール国内で識字教育を中心にノンフォーマル教育プログラムに携わるNGOは、2000年の調査時には、500以上にも及ぶとされていた。外国からの

資金援助により支えられた国際NGOの場合、都市に暮らす英語が堪能な若者の就職先と化している現状がある一方、地域の人々により運営されるボランティア組織として、地域開発に貢献している団体もある。識字教育の支援においては、国際NGOによるオリジナルに開発されたプログラムや教材が使用され、活動内容も多岐にわたっている。1956年当時から比すると、その展開には目覚しいものがあり、主に欧米を基盤とする国際的なNGOが牽引役となり、ネパール国内のNGOにプログラムが導入される運びとなっている。

　識字教育は、実施する団体により学習する場所、設備、教授法、時間帯、運営方法等、多様に異なるが、多くの場合、政府が発行するテキストが使用され、学習期間は基礎コース（6か月）と継続学習期間であるポスト・リテラシー（3か月）という仕組みになっている。クラス編制は、近隣に住む人々が参加しやすいように配慮されており、参加者の都合の良い時間帯に行われている。実際には途中で止めてしまう人も多く、ドロップアウトを防ぐ方策に力を注がなければならない。中には1クラスの人数が5人以下になると、学習活動を取り止めてしまう団体もあるが、そうした学習の運営における当面の規則は、実施団体により異なっている。

　ここで、ネパールで行われている識字教育の主なアプローチについて紹介しよう。1)「キーワード・アプローチ」、2)「Language Experience Approach」、3)「REFLECT」（Regenerated Freirean Literacy through Empowerment Community Techniques）という三つに分類することができる。

　まず、1)の「キーワード・アプローチ」であるが、このアプローチは、1970年代に開発されたものであり、基本的にはブラジルの教育学者パウロ・フレイレ（P. Freire）の識字教育理論に依拠し国内で最も一般的なアプローチとされている。単元ごとに設定されたキーワードをもとに、学習者が読み、書き、計算のスキルを獲得することが求められている。テキストに書かれている挿し絵について参加者全員で討議したり、時には、テキストに記載されていない単語も交えて、参加者の日常生活に関連した語を覚えていくことが目指されている。テキストは学習者には無償配付され、基礎コース、中級コース、上級

第4章　ノンフォーマル教育プログラムについて

コースと三段階に分かれている。しかし、これらのテキストは1970年代から一度も改訂されておらず、内容も汎用性がなくなってきており、また、テキストに書かれている内容が口コミで広がるなど、特に都市部においては、学習者の興味を引かなくなってきている[4]。

　次に、「Language Experience Approach」であるが、このアプローチは、1991年に開催されたワークショップ「多言語社会リテラシープログラム（Literacy Programme Multilingual Society）」において提出された。このワークショップの開催主旨は、ネパールのような多言語状況の社会において識字教育を普及させていくためには、別の新たなアプローチを見出す必要があるとするものであった。「Language Experience Approach」は、読解力を獲得する一つのテクニックであり、プログラムの参加者が母語による読み書きが可能となることが学習を促進させることにつながるというものである。母語による識字教育の後、ネパール語のデバーナガリ文字を学ぶことになる。

　最後に、3）の「REFLECT」というアプローチである。「REFLECT」は、1995年にイギリスに本拠地を構えるAction AidというNGOにより紹介された。このアプローチは、村人たちの読み書き能力を、個人的、組織的、構造的といった3段階のレベルにおいて変化をもたらすことをねらいとしている。アプローチの大部分は、フレイレの識字哲学に加え、「参加型農村評価法（Participatory Rural Appraisal、以下PRA）」に基づいている（Archer & Cottingham, 1996、HMG Ministry of Education, 1997）。

　「REFLECT」は、PRA理論を基盤に学習参加者全員で村落の地図を作成し、自分たちが居住する村やコミュニティの中で何が問題となっているのかを参加者全員で討議し、必要な知識、スキル、気づき等を全員で発見していくことを重視している。固定化されたカリキュラムは用意されていない代わりに、各地域において創造された教材が用いられることになる。参加者のこれまでの経験を討議することから始められ、話の中からキーワードを生成させる。ファシリテーターは、このキーワードを発展させていく形態をとるが、ファシリテーターにより学習内容が方向づけられていくことはない。識字プログラムは、

プロジェクト全体の一部にすぎないとし、参加者の問題意識を高めていくことが、ひいては村落全体の開発へと結びつけられていくように、全体的スキームが描かれていることが特徴である。

第3節　新たな取り組み　〜多様なアプローチの検討〜

　前節における三つのアプローチを踏まえ、より学習者の活動や生活経験が統合された識字学習が必要ではないかとする新たな戦略も考案されている。「Whole Language: An Integrated Approach to Reading and Writing」と称し、1996年に識字学習の指導者や援助団体に向けたマニュアルとして、米国のマサチューセッツ大学の国際教育センターとネパールのトリブヴァン大学の附属機関であるCERIDにより、「Literacy Linkage Program」というプロジェクト名で共同開発された。マニュアル作成の主旨は、識字学習が多くのNGO関係者や教育者、実践者らにより取り組まれている中で、より学習者の生活世界に密着したニーズや興味、情報を提供していける識字活動や教材の開発を促していこうというものである。このマニュアルにおいては、前節でみたネパール国内で実施されている3種類のアプローチを独自に3類型に分類している（表4.3参照）。

　「Literacy Linkage Program」の分類によれば、ネパール国内の識字プログラムは、第一に、音声中心のアプローチ（phonetic approach）が主流であること。音読することにより、耳で単語を覚えていこうとするものである。1970年代に開発された識字教材『ナヤ・ゴレト』による「キーワード・アプローチ」は、実際のところ、この音声を中心とするアプローチにより行われていると分類されている。具体的には、指導者がテキストに書いてある単語を読み上げ、それに続いて復唱していくことを何度か繰り返した後、文字の表記について学習していく形態である。関係者内では、別名「グルクル（Guru-kuru）・システム」（ヴェーディック・システム）と称されている[5]。この音声を中心とするアプローチの場合、指導者も特別なトレーニングを受けることなく指導

第4章 ノンフォーマル教育プログラムについて

表4.3：Literacy Linkage Programにおける分類と国内のアプローチとの対比

アプローチ	利点	弱点
「音声アプローチ」	・音とシンボルの結合	・学習者の経験を重視しにくいこと ・討議に至らないこと ・有意義なコミュニケーションのための識字に結びつかないこと ・実践しにくいこと
「キーワード・アプローチ」	・音読の基礎としての思考、発話、聞くこと ・グループ行動と社会変革のための討議 ・音とシンボルの結合	・書くスキルの開発
「Whole Language Approach」	・有意義な文脈における読み・書き ・口承言語における学習者の知識に基づいていること ・地域の教材の使用 ・書くスキルの開発 ・学習者のニーズ、興味、スキル、そして目的に基づいていること	・グループ行動のための開発

出所：Dixon & Tuladhar（1996）p.14より筆者作成

することが可能であるが、テキストに記載された単語を暗記することを重視するあまり、指導者と学習者の関係が一方通行となり、議論には至らず、自由な発想を生み出しにくいとする指摘がなされている。

　第二に、「キーワード・アプローチ」の本来のねらいは、文字の読み書きから出発し、最終的には実生活における問題解決に向けた行動を起こすことである。前節で述べた「REFLECT」においても同様のことが言えるのだが、フレイレが提起した批判的識字を目指して「問題提起型教育」の実践を試みようとするならば、識字クラスの指導者の力量の如何にも大きく関わってくる。現実には、暗記中心の学校教育を受けてきた指導者が識字クラスの指導を行うため、批判的な識字を推進にするには及ばないという現状がある（The High Level National Education Commission, 1999, pp.188-189）。

　第三に、「Whole Language Approach」である。その要点は次のように記さ

れている。

- 学習者によって、読み物の教材が選択されること。
- 読むこと、書くことの理由は、現実的であり、また当然なことであること。
- 読むことのプロセスは、知覚的なものであること。
- 情報は興味深いものであること。
- 学習者が理解できる範囲の情報を提供すること。
- 読み書きは実生活の一部である。
- 読み書きは社会的有用性を備えていること。
- 学習者が読み書きの目的を持っていること。
- 書かれた情報は、学習者にとってアクセスできるものであること。
- ファシリテーターは、学習者が備えているアイディアを用いる力や、テキストに書かれてあることを具体化させるスキルを与えること。

その一つの方法として、識字クラスを実施する地域の人々が使用する言語のみを選択して学ぶ「コミュニティ・リテラシー（Community Literacy）」という方策が試みられている。「コミュニティ・リテラシー」とは、政府が定めている学習内容に限定されずに、人々の実際生活に即した識字教育を展開することを重視する方策である。「誰のための学習なのか」「誰が学ぶのか」という問いを改めてプログラムの実践者に投げかけるものであり、国内の多様な文化的環境に配慮を促すことを求めるものでもある。

第4節　教育支援策としてのノンフォーマル教育プログラムの可能性

1956年から近代化政策が開始されて以来、ネパールは二度に渡る民主化を経てきた。2000年以降のネパール国内の出来事を中心に振り返れば、国民の政府に対する感情は、2001年のビレンドラ国王一家の暗殺以降、度重なる閣僚の交代や政権争い等により急激に高まり、2004年にはマオイスト（共産党

毛沢東主義)ら武装グループの活動が激化し、各地で混乱を生じさせた。2008年には王制が廃止され、ネパールは王国から現在の共和制国家となった。

ネパール社会は、ネパール語を母語とし、18世紀に栄えたゴルカ王朝に起源を持つパルバテ・ヒンドゥー(山地のヒンドゥー教徒)の高位カースト層の人々が支配的地位にあり、彼らを基軸とする「ネパール化政策(Nepalization)」により近代国民国家の建設が目指されてきた。それゆえ、特に、低位カースト層やエスニック・グループの人々は、社会的、文化的、政治的、経済的にも不利益を被っており、日々の労働や物理的環境、および差別的慣行等の理由から学校教育のみならず、ノンフォーマルな学びの機会さえも逸しているのが現状である。中でも、低位カースト層の女性は幾重にも周辺化された立場にある。

第10次国家計画(2002〜2007年)以降、男女の教育格差の是正や女子教育の促進をはじめ、持続可能な経済成長と貧困の撲滅を達成させるために、「女性のエンパワメント」や「ジェンダーの主流化(gender mainstreaming)」を目指す開発政策が不可欠であることが強調されている。女性をめぐる差別的な法律の改正や教育の機会の促進など、国際社会が追求する開発戦略に準拠し、世界標準に近づこうとする政策上の動きがみられる。

しかし、複雑な民族構成をなすネパール社会の現状を考慮すれば、女性を対象にした政策についてもローカルな文脈に即した対応が求められる。「女性」と類型化される集団の中に多様な差異があるように、ネパールの女性といえども、民族、カースト、階層、宗教等、多様に異なっており、単一で均質な集団などありえない。したがって、学習者の生活世界を考慮した教育政策が不可欠であり、学習者を「透明な存在」として扱うことを回避しなければならない。近年では、ネパール国内の多様な民族構成に注目し、ネパール語の話者人口が少ない農村地域の識字クラスを対象にしたエスノグラフィックな調査研究(Robinson-Pant, 2001)や、ネパール人女性における多様な差異を踏まえた上でジェンダーや開発概念を語るべきであるとする主張(Tamang, 2002)が注目されてきている。また、ネパール国内の社会的弱者の立場を社会全体で支え

る政策や社会制度の確立を求め、ダリット（アウトカースト）の女性たちが結集し、社会開発を促す運動が支持されはじめている。

　社会の周辺に位置する人々の社会参加を積極的に促進する施策として、ノンフォーマルな学びは、多様な状況に対応すべく、可能性を秘めている。人々の生活世界に依拠したささやかな学びの機会づくりを担いながらも、教育支援策として、多様な活動の展開が期待されよう。

注
(1) 学校外の組織的な学習活動を意味する。教育活動を様式ごとに大別すると、制度化された学校教育をフォーマル教育、社会教育、生涯学習活動のような学校外の柔軟な体制下における学習活動をノンフォーマル教育、さらに、家庭内の躾や伝統的な訓え等、特に体系的でない学びをインフォーマル教育と称し、区分することができる。
(2) ノンフォーマル教育における成果や学習歴を保障するために、初等・中等教育と同等の教育を履修したものとみなすイクイバレンシー制度が、東南アジア諸国においては定着してきており、ネパールにおいても検討されつつある。
(3) ノンフォーマルな学習活動は学校教育に比べて柔軟な体制で実施することが可能であるが、活動を展開していくための人材育成（指導者）や、学習活動の評価なども明確な基準がないため、困難な側面がある。
(4) ネパール政府が認定している識字教材は、基礎コース、中級コース、上級コースに分かれている。教材は、運営する団体が購入し、学習者には無償で配布する仕組みになっている。購入に際しては、地域の教育行政局が4割負担し、運営する団体が6割負担するという（2000年の調査時、1冊160ルピーであった）。多くの場合、基礎コースを6か月間で取り組むことが精一杯であり、中級、上級までたどり着かない現状がある。また、運営する団体により、独自の識字教材を活用して学習する場合もあり、その学習形態も様々であるといえよう。
(5) アジアの教育は、宗教に起源を持つとされている。ヒンドゥー教の場合、教育はバラモンという社会集団の特権であり、その内容も、高僧が述べた教えや、教典を徹底的に暗記するというものであった。ヴェーディック・システム、またはグルクル・システムとも言われる。現在のネパールの学校教育は、このヴェーディック・システムから脱しきれていないという指摘も多い。

第5章

学習者の生活世界への接近

～インタビュー調査を踏まえて～

●収穫した野菜を洗う女性たち（筆者撮影）

第1節　問題の所在

「識字クラスに参加した女性たちは学習活動をどのように捉え、意味づけているのだろうか」。このような問いが生じたことが、本研究に取り組むきっかけとなった。

ネパールの識字教育に関する調査研究の報告では、「識字率は〇％上昇した」（UNICEF & NPC, HMG, 1992, 1996）、学習内容が定着しない理由は「（学習者の）半数以上が途中でドロップアウトしてしまうため」（CERID, 1996, 1998a）というような評価が多く、全面的に学習者側に原因を帰することに終始している傾向がある。学習に取り組んだ人々が、その活動をどのように受け止め、意味づけてきたのか、また、どのような生活世界の中で学習活動に向き合ってきたのか等、人々の内面的な変化の全てが数値に還元されてしまい、その集約結果が一般化されるべき結論として取り上げられてしまっている。

現地調査（長岡, 2000a, 2002）を行った結果、第一に、プログラム修了後にも、何らかの形で学習者を継続的に支援していくこと。第二に、識字教育を実施、運営する担い手は、学習に参加する人々の社会的、文化的背景に注意深く視座を据えることの必要性を痛感した。確かに、どのような学習が行われたのかという問いに対し、具体的に数値で学習達成状況を示すことは実証的であり、かつ説得力をもつであろう。しかし、学習に参加した女性たちがどのような経緯を経てその活動を意味づけているのか、数値化されえない要素にも着目した分析が、ノンフォーマルな学びにおいては必要ではないだろうか。識字率の上昇のみを評価することや、質問紙調査による機械的な回答のみを分析軸に置くことは、宮島が述べるように、「本来、質的な多様性や独自性のなかにあって、等質的連続性の上に乗らないはずの要素をなんらかの置き換え操作（例えば数値に換算するなど）を通じて大小、高低、優劣とランクづけること」（宮島, 1999, pp.23-26）に他ならない。人々のものの見方、感じ方、ライフスタイルなどをすべて量的な要素に置換することだけでなく、多面的な考察が必

要である。本章では、読み書きの学習に参加した女性たちの視角を通して、その「生きられた世界」を捉えることにより、従来の成人識字教育をめぐる言説と、現実の社会で生じている女性を取り巻く構造的な諸問題との差異を把握することから、今後の成人識字教育に求められる視点を提示することを試みたい。

第2節　先行研究の検討

　近年、国際援助機関や教育機関、NGOによるネパールの成人識字教育に関するアプローチ研究や、プロジェクトの成果に関する研究が蓄積されはじめてきている。具体的には、プログラムを実施することに意義を見出す報告（CERID, 1998a）や、「プログラムは確実に参加者の女性たちをエンパワーさせるものであり、識字はそのエントリー・ポイントとなりうる」とする事例報告（例えば佐藤・神馬・村上, 1999）など、各々の研究機関による活動報告を含めると多数にのぼる。しかし、その大半は、Yes, Noといった機械的な回答を求める質問紙に基づく量的な調査により、プログラムの影響度合いを把握しようとする傾向が強い（CERID, 1997b、World Education, 2002）。

　一方、プログラムの参加者は学習期間が過ぎると再びもとの非識字状態に戻ってしまい、学習の成果が維持されていない（Comings & Shrestha, 1995）とするものや、識字教育という名の下で、西欧社会の価値観を導入しようとする内容にイデオロギー性を強く感じる（Robinson-Pant, 2000, 2001）との批判的評価もあり、プログラムのあり方そのものの再検討を促す研究が蓄積されはじめてきている。

　ネパールで識字教育を実施、運営するNGOによるアプローチについて、シュレスタ（Shrestha, 1993）は次のように類型化している。

1) グループ形成のプロセスを重視するもの：学習に参加するにも動機づけが必要であるため。

2) NGO主導のプロセスを重視するもの：識字クラスにおいてお互いを知るため。
3) トレーニングのプロセスを重視するもの：識字能力を持ち合わせていなければ、その他の活動も成功しないため。
4) NGOを強化するプロセスを重視するもの：識字プロジェクトの実施を成功させることで、NGOは技術的、財政的にも信頼性を得られるようになるため。
5) 啓発活動やそのプロセスを重視するもの：読み書き学習は、自らの精神を変化させ、発展させていくことを理解できるようになるため。
6) 文化的な障壁を打破するプロセスを重視するもの：一般に、村人たち、特に女性は、自分たちにとって不慣れな開発プログラムに意見を述べることも他者を動機づけることも、また、参加することさえ、自信をなくしているため。

(Shrestha, 1993, p.15)

　上記の類型では、各々のNGOの活動のねらいや方針の相違がみられる。しかし、共通する点は、識字教育を通じた自己の精神面の強化、生活向上、および地域開発などが念頭に置かれていることである。シュレスタは同時に、「様々な取り組みが行われているが、識字教育はすべて（開発の）エントリー・ポイントにすぎない」（Shrestha, 1993）と評し、読み書きの学びはそこに集う人々に何らかの契機を与えることにはなるが、ひとつのプロセスにすぎないことを示唆している。さらに、1970年代にフレイレにより提起された「意識化」を目指す批判的識字アプローチがネパールを含め多くの開発途上国において採り入れられてきているが、実際にはプログラムの目的が、フレイレが目指した批判的思考を獲得するように社会的、政治的な問題関心を高めることよりも、むしろ、識字の自律的な側面（Street, 1984）を実践する機能的識字に近いのではないかと述べている。シュレスタの他にも、ロビンソン＝パント（Robinson-Pant, 2000, 2001）は、ネパールの識字プログラムはフレイレ流の「キーワード・アプローチ」を採り入れているといえども、現実には機能的識字のレベルにとどまっている現状を伝えている。

第5章　学習者の生活世界への接近

　このようなプログラムの状況に関して、カミングスらは実際に使用されている識字教材を中心に分析を行っている（Comings et al., 1992）。ネパールで一般的に用いられている識字教材（1970年代に開発された教材『ナヤ・ゴレト』）は学習者のニーズに合致しておらず、興味を引く内容ではなくなってきていることを指摘しており、その改善策として、教材の改訂のみでなく、指導者の選択や指導力の向上、プログラムの管理等の強化を述べている。さらに、学校教育にアクセスする機会を遠ざけられてきた女性や女児がノンフォーマルな学習活動に参加しやすい環境を整えることが、プログラムの成功につながることを説いている。また、カミングスとシュレスタの研究（Comings & Shrestha, 1995）では、識字プログラムに参加した女性たちは、プログラム終了後、しばらくすると再び元の非識字状態に戻ってしまう傾向があることを提示し、ポスト・リテラシープログラムの継続的な取り組みを強化していくことの重要性を述べている。それは、基礎コースが終了した後の取り組み如何により、学んだ内容が維持されるか否かに影響を与えるというものである。彼らの研究は、プログラムに参加した人々を対象に追跡調査を実施する中で明らかになっていなかった問題を明示しようとする一例として、貴重な示唆を与えてくれる。

　他方、識字教育の効果的な展開を図るため、ネパール国立トリブヴァン大学の付属機関であるCERID：Center for Research Innovation and Developmentは、識字教育の関係者を集めて様々な会合や調査を実施してきている。そのひとつに、「エンパワメントのための識字教育（Literacy for Empowerment）」（CERID, 1998b）と称するワークショップがある。そこでは、「近年、識字教育が参加者のエンパワメントに繋がるものとして語られてきているが、実際には、限られた一部の人々だけのことであり、社会的に差別されているダリットや貧しい人々はその対象外ではないか」とし、ネパールで実施されているプログラムが、本当に学習者をエンパワーするためのものとして提供されているとは言えないのではないかと問題提起している。そして、新識字者（neo-literate）、女性やダリットにとってエンパワメントとなる識字プログラムの実

現に向けて、適切な識字教材の作成を試みている。

さらに、その他の調査研究（CERID, 1997b）では、識字プログラムが参加者にどのように影響を与えたのか、実態調査を行っている。具体的には、調査対象地域を山岳地域、丘陵地域、タライ（インドとの国境地域）の3地域の中からそれぞれ一つの地区を選出し、プログラムの参加者をはじめ、地域の行政担当官、学校管理者、プログラム関係者にインタビューおよび質問紙調査を行い、次のような考察を行っている。

第一に、ネパールの識字教育は女性を対象にしているが、男性の参加も呼びかけなければ地域の開発には結びつかないこと、第二に、家族計画、衛生管理、所得向上プログラムなどが識字教育を含む一連のプログラムとして行われることが望ましいこと、第三に、ジェンダーの視点から分析すれば、女性たちは未だ地域社会に根ざすステレオタイプのジェンダー観に基づいた日常生活を営んでいるため、読み書きを学んでも変化がみられない、と報告されている。

他方、1950年代当初から識字教育に関わっているNGO, World Educationは、4年間に渡り、米国のハーバード大学教育学部教育開発センターと共同で大規模な調査を試みている（World Education, 2002）。調査は、タライ地方の五つの地域において実施されている識字教育の参加者とそれ以外の人々との比較検討を行い、プログラムの効果を把握しようとするものである。その際、次のような仮説が立てられている。

「仮説」
識字教育に参加した女性は、参加していない女性よりも……
①健康や出産に関する知識、政治や子どもの教育に関心度が高い。
②所得向上のための活動、選挙、子どもの教育やコミュニティの活動に積極的に参加するであろう。
③大幅に識字能力が高い。

調査の概要は、調査対象地域の女性たちに1年に一度、質問紙に基づいた項

目をインタビューすることを3年間繰り返す形態をとっている。データ収集に関しては、1年目が1,072名、2年目が1,022名、3年目が967名をインタビューすることができたとし、その結果、次のような結論を述べている。

　まず、仮説①の健康や出産などに関する知識については、年度ごとに増加してきているが、政治については調査時、マオイスト等によるテロ行為が多発する不安定な政情であったため、識字教育に参加した女性たちの方が、関心の度合いが年々減少する結果となっていた。このことは、文字どおりに「政治に関心がない」として回答を受け止めるのではなく、調査期間内において、国内の政情が悪化傾向にあったことを女性たちも把握していたのであり、それゆえに、「(現在の政治には期待できないために) 関心がない」という否定的な回答を行ったものと判断されている。また、子どもの教育に関しては、両者ともに年々、関心度合が高まってきており、初等教育レベルは女児も就学すべきであるとする見解が高まってきている。

　次に、仮説②であるが、所得向上のための活動においては、特に農業を中心とする活動に両者とも参加する傾向が高まってきている。しかし、選挙においては、「投票した」とする回答がさほど増加してはいない。これは、先述のとおり、調査当時の政情が不安定であり、選挙そのものが実施されなかったため、十分に把握することはできない。また、子どもの教育やコミュニティの活動については、特に、識字教育に参加した女性たちの方が、顕著に参加傾向にあることが確認された。

　最後に、「(識字教育に) 参加することにより、識字能力の大幅な向上がみられた」とする仮説③であるが、双方の女性たちに49項目からなる識字テストを実施したことに加え、地域ごとに、個々の識字クラスのレベル、識字教育に参加する以前の就学経験、家庭での言語、社会・経済的な地位、年齢等を考慮に入れた結果が提示されている。

　それによると、やはり、学習活動に参加した女性たちのほうが識字能力は高い結果が出ており、学習の影響力は高いものと判断されている。しかし、社会・経済的な地位が高いことや、母語がネパール語である場合の方が、試験に

おいても高得点の傾向があることが判明している。年齢については、さほど大きな差はみられなかった。全体的な総括としては、この調査研究においては識字教育が女性に与えた影響力は総じて高いものがあるとし、今後も長期的な取り組みが必要であることが述べられている。

このように学習活動の影響度を把握し、そこから得られた結果を今後のプログラムの開発に活かそうとする取り組みは重要である。しかし、質問紙調査のみによる影響度の分析には批判的な見解を示すものである。欧米を中心とする援助団体の推進する識字教育は、西欧の尺度を導入するかのように、村落社会やネパール固有の知見を考慮するものではないからである。つまり、プログラムに参加した女性たちが日常生活の中で、「どのように識字を獲得してきたのか」ということよりも、プログラムが「いかに影響を与えてきたのか」を把握することに調査の焦点が置かれているからである（Robinson-Pant, 2001, pp. 153-154）。

実際に、識字教育を含むノンフォーマル教育プログラムの実態調査（CERID, 1996）では、様々な背景の人々が読み書きの学びに参加していることと同時に、そこに足を運ぶ女性たちが複雑な想いを抱いていたことを伝えている。それによると、「低位カーストの人々もプログラムに参加しており、カーストによる区別はなくプログラムに参加できるが、（低位カーストの人々は）参加に際して、高位カーストの人々の態度により不快な気持ちにさせられていることが障害となっている」（CERID, 1996, p.14）ことが説明されている。プログラムに参加することや関わること自体が、低位カースト層の人々にとっては容易なことではなく、彼らが地域社会の中で排除されている社会構造が浮き彫りになってくる。つまり、学習者への直接的な効果、または影響度合いを把握することと同時に、そこに集う人々の内面的な側面への理解も忘れてはならないことを示唆するものである。

学習者が何を求めているのかなど、その理解に向けた実践が具体的な取り組みとして継続され、現状を振り返ることが必要である。その過程で「読み書きができない女性」として語られてきた人々に視座を据えてみることが欠かせな

い。学習活動は女性たちにどのように解釈されてきたのか注目していくことにしたい。

第3節　調査の概要

3.1　調査地域について

　調査を行ったパタン（Patan）市は、ネパールの首都カトマンドゥ郊外に位置し、1970年代から複数の団体が識字プログラム（識字教育）に取り組んできており、国内においては最も活動実績数が多いとされている。都市部ということもあり、識字率は男性が83.9％、女性が67％と国全体のレベルよりはるかに高い。パタン市は別名ラリプール（Lalitpur）とも呼ばれる古都であり、今日においては「サブ・メトロポリタンシティ」と位置づけられている。18世紀後半までは、カトマンドゥ、バグタプール（Bhaktapur）と並ぶ三大都市であり、ネワール（Newar）族（以下ネワール）の本拠地として栄えた。現在もかつての王宮広場に観光客が途絶えることなく足を運ぶ姿が見られ、観光業により生計を立てている人々も多い。また、代々受け継がれてきている手工芸品や美術品の産地としても有名である。民族構成はネワールが43.1％、ネパール語を母語とする民族が42.5％、タマン（Tamang）をはじめとする民族が残りの約10％を占めている。また、パタンのような都市部においては、若年層を中心に各々の民族の母語に加え、ネパール語、隣国インドのヒンディ語、英語等を駆使する状況が目立ちはじめている。ネパール語は国語として学校教育の中で習得されていくが、それ以外の言語においては、ラジオ、テレビ、映画といったメディアを通じて触れる機会が拡大してきている。

　さて、ここで、ネワールの人々について簡単に説明しておこう。カトマンドゥ盆地の先住民族であったネワールは、チベット・ビルマ語系の母語をもつ民族である。18世紀後半まではカトマンドゥ盆地を中心にした王国の主人公であっただけに、街の至る所に建立する数々の寺院や建造物、仏塔などからも、かつての繁栄ぶりを垣間見ることができる。ネワールはインド文明の影響を強

く受け、パルバテ・ヒンドゥー（Parbate Hindu：山間部に暮らすヒンドゥー教徒）の支配により彼らのカースト・システムに組み入れられながらも、その中で独自のカースト体系を持っている。今日のネワールは、ヒンドゥーの神であるシヴァ神（Siva）の信者とネワール仏教の信者という二つの大きな信仰集団に分かれており、したがって、ブラーマンの僧侶、司祭者と、仏教の僧侶が存在する（ハーゲン, 2000, p.101）。ネワールの主要なカーストヒエラルキーは図5.1のように六つに区分される（Gellner, 1996, p.46）。

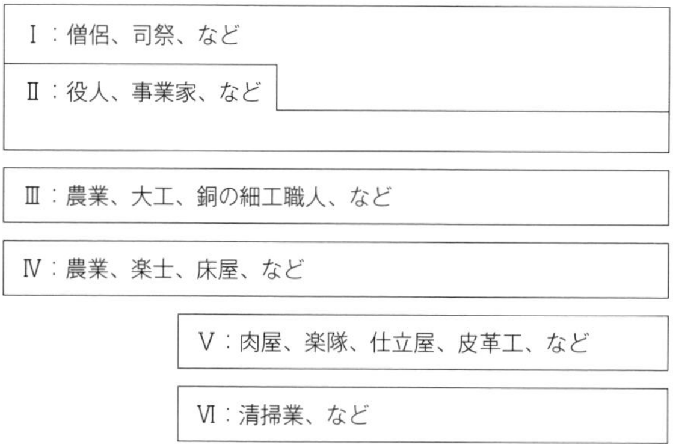

Ⅰ：僧侶、司祭、など
Ⅱ：役人、事業家、など
Ⅲ：農業、大工、銅の細工職人、など
Ⅳ：農業、楽士、床屋、など
Ⅴ：肉屋、楽隊、仕立屋、皮革工、など
Ⅵ：清掃業、など

出所：Gellner（1992）より筆者作成

図5.1：パタン市のネワールカーストの主要な区分

　ネワールの居住地は、王宮を中心に高位カーストがその周辺を囲むような形に配置されている。高位カーストの次に中間層のカーストの住まいがそれらを囲むような形で配置されており、低位カースト層の人々の居住地は市街地の外側に位置している（Gellner, 1996, p.48）。このことからも、ブラーマン（Brahman）やバジュラチャリア（Vajracharya）といったヒンドゥー教や仏教の司祭のカーストが、社会の頂点として君臨していることが理解される。

3.2　調査方法と調査対象者について

　本研究の課題に応えるには参与観察とインタビュー調査が最適であると考

第5章　学習者の生活世界への接近

え、パタン市Ａ地区（仮称）（1996年当時、人口は約3,082人、690世帯）を中心に参与観察を行い、地区内に居住する識字プログラム（識字教育）の経験者をキーインフォーマントとするインタビュー調査を行った。調査対象地の選定にあたっては、パタン市が古くから識字プログラムに取り組んでいたことに加え、市内で最も実績が多いＡ地区が望ましいのではないかと調査当時のパタン市長により提案されたことによる。また、Ａ地区周辺には筆者の知人が複数居住していたこともあり、長期に渡り地区内に滞在することが可能であったことも選定理由の一因となっている。地区内の世帯数別カースト構造は表5.1のとおりである。

表5.1：パタン市Ａ地区の世帯数別カースト構成

カースト（尊称）	世帯数	カースト区分
バフン	19	Ⅰ
バジュラチャリヤ	10	Ⅰ
チェットリ	24	Ⅱ
サキャ	316	Ⅱ
シュレス（チャータリヤ）	143	Ⅱ
シュレス（パーチタリヤ）	43	Ⅱ
マハラジャン	84	Ⅲ
タムラカール	9	Ⅲ
ドビ	1	Ⅴ
カミ	16	Ⅴ
カドギ（カサイ、サヒ）	23	Ⅴ
クスレ	2	Ⅴ
計	690	―

注：1996年度選挙投票者登録リストにより筆者作成（一時居住者や転入者は省略）。カースト区分は図5.1を参照。食物授受の方向に従い、ほぼ上から順に並べたもの。

調査期間は断続的ではあるが、1997年4月20日～5月31日、8月1日～11月30日、1998年3月1日～5月30日、1999年10月30日～11月10日、2000年2月27日～3月20日、2001年9月12日～9月22日の延べ9か月である。

その結果、識字プログラムに参加した経験のある女性たち52名から話を聞くことができた。彼女たちが実際に学習していた時期は1996年であるが、全

員が同じクラスではなかった。彼女たちのカースト構成は図5.1と表5.2のとおりである。年齢構成は、10代が20名、20代が18名、30代が18名、そして40代が14名であった。インタビューの形式はライフヒストリー法を考慮に入れ、オープンエンドで自らの生い立ちや生活経験などを一回に1人、約1時間から2時間程度を目安に自由に語ってもらった（しかし、時には2時間をはるかに超えるケースもあった）。インタビューの内容はすべて録音したが、録音を拒否される場合もあったため、その際は、ノートに記述しながらの対話となった。インタビューに用いた言語は基本的にはネパール語であるが、ネワール語も混じる。正確さを要するため、英語による通訳をつけて内容を確認した。

表5.2：調査対象者のカースト構成割合

カースト名	人数	割合（％）	カースト区分
バジュラチャリア	2	4%	I
トゥラダール	3	6%	II
マハラジャン	6	11%	III
タムラカール	2	4%	III
カミ	10	19%	V
カドギ（カサイ、サヒ）	29	56%	V
計	52		

注：カースト区分は図5.1を参照。食物授受の方向に従い、ほぼ上から順に並べたもの。
出所：筆者作成

また、キーインフォーマントである女性たちの紹介については、地区周辺で識字プログラムを運営していたNGO, United Mission to Nepal（以下UMN）のスタッフの協力を得た。同時に、地区内の居住者等にも個別に聞き取り調査を行った。UMNは、1954年にカトマンドゥ近郊の古都バグタプールに病院を開設し、女性のための医療診療から活動を開始した団体である。今日では、医療協力に加え、教育支援、技術開発、および農業指導等、幅広く活動を行っている。中でも、ノンフォーマル教育プログラムにおいては識字教育を中心にネパール全土にネットワークがあり、特にポスト・リテラシー活動に力を入れている。具体的には、学習者に読書の習慣を根づかせるためにネパール語の簡単な

第5章　学習者の生活世界への接近

物語を小冊子にまとめ、数種類作成するなど、読書教材として利用されている。

　調査協力を得たのは、このUMNのプロジェクトYala Urban Health Program（以下YUHP）を担当していたスタッフである。YUHPという名のプロジェクト組織は、1970年代初期からパタン市内で活動を開始し、公衆衛生の概念を地域に普及させることを主目的に、清潔な飲料水の作り方や医療診療活動の一環として、識字プログラムを行っていた。スタッフは地域在住の女性を中心に活動しており、女性が積極的に自分たちの暮らす地域の改善に関わっていこうとする姿勢を養うことも目的の一つに盛り込まれている。

　インタビューを行った女性たち（調査対象者）のカースト構成は、バジュラチャリヤが2名、トゥラダール（Tuladhar）が3名、マハラジャン（Maharajan）が6名、タムラカール（Tamrakur）が2名、カミ（Kami）が10名、カドギ（Khadgi、またはSahi、Kasai、Nay）が29名であった（表5.2参照）。バジュラチャリア、トゥラダール、マハラジャン、タムラカールはともにネワール仏教徒のカーストである。各々の生業とされている職業は、バジュラチャリアが司祭、僧侶、トゥラダールが商業、マハラジャンが農業、タムラカールが銅製品の職人である。彼らはネワール語が母語であり、家庭内や同じ仲間同士ではネワール語で会話が行われている。一般に、識字プログラムに参加する女性は低位カーストに集中していると言われているが、必ずしもその限りではなく、高位カースト層の人々もプログラムに参加していた。

　しかし、調査対象者のカースト構成は半数以上がカドギ（カサイ、サヒ）、カミといった職業カーストの人々であった。カドギはヒンドゥー教徒のネワールであり、母語はネワール語である。主として水牛の屠畜業や高位カーストの葬儀の際に楽隊としての役目を遂行する職業カーストとして知られている。しかし、今日においてはその限りではなく、食肉販売や野菜売りの他に、ミルクの販売により生計を立てている者やバス、タクシーの運転手など、多様な業種に就いている。ネワールのカーストヒエラルキーにおいては、カドギ（カサイ、サヒ）の人々はカパリー（Kapali, Kusle; Jogi）やポデ（Pode; Pwah）とともに三つの主要な低位カースト集団の一つとされおり、図5.1のカースト区

分においてはVブロックに位置する。彼らは不浄（impure）のカーストとカテゴライズされるが、不可触（Untouchable）のカーストではない。ポデのみが最下層のⅥに該当するカーストにも組み入れられないアウトカースト層に位置づけられている。

　また、カミはネパール語を母語とするネパーリー（Nepalease）であり、特にA地区周辺だけなく、ネパール全土に散在する鍛冶屋を生業とするカースト集団である。カミの人々は、1854年にジャン・バハドゥル・ラナ（Jang Bhadur Rana）宰相により制定された旧民法典においては、不浄カースト、つまり接触すれば聖水で清めなければならないとされていたカーストであり、先のカサイの人々よりも低位に該当する。筆者が調査対象としたカミの人々は、A地区周辺に従来から居住していたのではなく、仕事のために数年前にカトマンドゥ市内から移ってきたそうだ。彼らのような鍛冶屋を生業とする人々は、国内のどの地域においても人々から必要とされているため、特定の居住地域はないが、ネパール全土に散在していると伝えられている（Gautam & Thapa-Magar, 1994）。

3.3　調査対象地域で行われていた識字クラスについて

　A地区内の識字クラスは、主として次のような内容に基づき、学習が進められていた。第2章において述べたように、学習の際に用いられていたテキストは、ネパール国内で広く使用されている『ナヤ・ゴレト』と称する識字用学習教材であり、基礎コースの半年間は、指導者が読み上げた語を皆で復唱し、または、一人ひとり音読を繰り返す学習方法が基本的なスタイルとなっていた。しかし、テキストの内容をそのまま暗唱するだけでは、従来からの「グルクル・システム」に陥ってしまうため、学習後に指導者と参加者によるディスカッションの時間が必ず設けられていた。

　また、基礎コース終了後に行われるポスト・リテラシーについては、UMNが作成した簡単な読み物の冊子が配布され、輪読する時間が設けられていた。その他、UMNの事務所内の一室でビデオ鑑賞が行われ、鑑賞後には参加者全

員で討議を行うプログラムも設けられていた。

　UMNによると、A地区で行われているノンフォーマル教育の主目的は、「Yala Urban Health Programme」のプロジェクトに基づいて、パタン市内の公衆衛生を改善することであった。そのため、地域の女性たちを対象に、保健衛生のための基礎知識を身につけるプログラムの一環として、識字教育が位置づけられていた。調査対象者の女性たちが学習した年度の学習状況を表5.3のとおりである。学習開始からポスト・リテラシーが終わるまでの期間は合わせて9か月間になるが、参加者の約7割が修了しており、ネパールで行われている識字教育の状況からすると、修了率は高いものと判断される。

表5.3：学習の修了状況（1996年度）

登録者数	151名
学習修了者数 （基礎コース＋ポスト・リテラシー）	102名
修了率	約68%

出所：YUHEP（1996）p.5より筆者作成

　学習のためのグループ編成については、1グループ10人程度をめどに編成することになっており、次のようなことが留意されているという。第一に、近隣に居住する者同士であること。第二に、学習する場所が参加者の家から近いこと。第三に、カーストによる上下の隔たりが大きくないこと、などである。近隣に暮らす者同士を集めてグループ編成を行うことは、お互いに顔見知りの方が参加しやすいであろうという考えからである。また、自宅から学習する場所が近いと出席率が高くなるということも把握さている（UMN, 1999）。

第4節　分析枠組みについて

　ネパール社会で非識字状態にある人には、次のような傾向があるとされている。

- 貧困であること（経済的な地位が低いこと）
- 幼少期から文化的、社会的に定められている性役割に縛られ、学校教育の機会から遠ざけられていること
- カーストに基づく社会的な規範により、あらゆる場において周辺化されていること
- 自分が置かれている状況や立場に無自覚であること
- 本人の意思に反して早期に結婚が決められてしまい、あらゆる状況において隷属的な立場を強いられ、そこから抜け出せないこと

(ACCU, 1996, pp.13-14)

　社会理論学者の富永によれば、現代社会における個人に必要とされる基本的な社会的資源とは、財産や所得の「物理的資源」、権力やそれに伴う社会的威信、是認の「関係的資源」、教育や知的技能の「文化的資源」の三つに分類される（富永, 1996, pp.154-155）。これらの分類に従えば、「非識字状態にある人々」は、これら三つの資源すべてを持ち合わせていないことになる。

　富永も指摘していることであるが、実際には、「物理的資源」と「文化的資源」は連動しない場合もあるなど、三つの資源は多様な形態をとるという現実を理解しておく必要がある。しかし、ヒンドゥー教の社会においては、カースト・システムにより序列化されたヒエラルキーがなおも残存しており、今日においても社会の隅々に至るまでカーストのもたらす規範や価値観が幅を利かせている。そのため、カーストに付随する社会的威信や是認といった「関係的資源」は、カースト的地位が低ければ低いものとなり、「物理的資源」、または「文化的資源」のように個人の努力や経済的動向により変化が生じるというものではなく、ある程度固定化されたものとして捉えることが可能であろう。しかしながら、低位カーストの人々の「関係的資源」が低いからといって、彼らは永久にネパール社会の底辺を生きなければならないというものではない。社会のグローバル化の過程において、これまで一般的であるとされた価値感の消滅や解体が生じてきており、ネパール社会においても新たな変貌を余儀なくさ

第5章 学習者の生活世界への接近

れてきている。実際に、教育経験は少なくとも経済的実践により資産の獲得に成功している者や、また、物理的資源は乏しくとも高等教育にまで進学する者が出現しはじめていることなど、従来とは異なる多様な形態を生み出している現実を捉えておくことが必要である。

近代化の途上にある国や地域の人々の生活形態をめぐる変化について、タイ東北部の農村をフィールドにした箕浦と野津の調査研究（1997）では、従来の伝統社会に変化を及ぼすことについて、「意味は誰にとっても外在しているが、個人の意味空間に取り込まれる途上でさまざまに変形し、その個人独特の意味世界を構築する」（箕浦・野津, 1997, pp.31-44）と述べている。そして、個人を取り巻く生活世界には、国家、マスメディア、学校、家族、友人などのさまざまな主体が放散する文化的意味が充満していると説いている。

今日のネパール社会は、近代化の過程において既存の様々な価値の変容を余儀なくされ、流動化してきている。本研究の調査対象としたパタン市A地区の女性たちの生活世界も、既存の伝統観に基づく意味体系と新たに導入されてくる価値観に基づく意味体系との折衝空間に位置している。

そこで、本研究の分析枠組みとして、A地区の女性たちの生活形態を意味づけている外的な要因（国家、宗教、市場、マスメディアなど）に、国家による開発政策（識字教育や公衆衛生など）を通じて新たな価値観が加わることで、新たな意味空間が創造されると仮定し、実際にプログラムに参加した女性たちがどのようにその現実解釈を行っているのか、彼女たちの語りをもとに描くことを試みたい（図5.2参照）。

その際、以下のような点に留意することを述べておく。第一に、学習に参加した女性たちの「立場性」に注目すること。第二に、本研究における「エンパワメント」の捉え方について具体的に提示しておく。第三に、インタビュー調査におけるインフォーマントとの関係性について、その限界性にも触れて筆者の見解を述べておく。

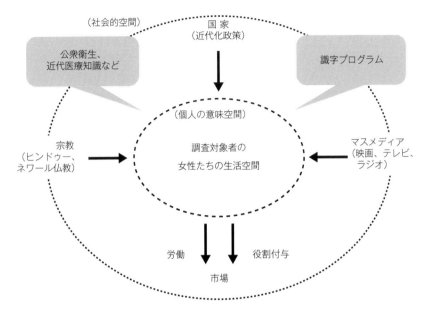

図5.2：調査対象者の女性たちを取り巻く意味空間

4.1 学習者（＝女性たち）の「立場性」について

　本調査では、読み書きの学習に参加した女性たちがどのようにその経験を解釈（意味づけ）してきたのかに焦点を当てる。その際、女性たちの「立場性」に注目することが必要であると考える。ここで述べる「立場性」とは、単に一時点における立場を指すのではなく、個々人の多様な経験に裏打ちされた背景、つまり、過去から現在に至るまでの長期に渡り培われてきた生き方、生活スタイルなどの生育歴をも含めた、個人を規定している様々な要因、または属性が兼ね備わった状態を示す概念として用いることを述べておく。

　一般に、職業などの社会的役割を通した日常的実践が自らのアイデンティティ形成に影響を及ぼすことは否めないであろう。しかし、現実には一人の人間を規定する要因とは、社会的な地位だけではなく、職業とは関連しない地域社会における役割、家族、性別、年齢など、複数のカテゴリーにより構成されて

はいないだろうか。例えば、ネパールに暮らす人、女性、母親、妻、40代、野菜売り、というように、一人の人を表わすにしても、多様な属性から構成されていることがわかる。さらに、日常的な家族との関わり合いや地域社会での出来事といった固有の経験を通じて、各人の意味体系が形成され、「立場性」を創り出していくものと考えられる。

「立場性」とはあまり聞き慣れないことばであるが、時に、「ポジショナリティ（positionality）」という語として示されることがある。その用いられ方は、「他者との関係性を通して考える自分の位置」（岡，2000）、または、「語る者（例えば、研究者、調査者、分析者）の立ち位置、姿勢、政治性」といったように、自己の対象構成における恣意性や政治性をいかに自覚するかが問われることになり、個人の価値志向性や政治的位置を示す概念（中谷，1997、上野，2002）として、特にカルチュラル・スタディーズやポストコロニアリズムなどの研究領域において用いられてきている。

しかし、本研究で述べる「立場性」とは、先述のとおり、個々人を構成している属性の中に、過去から現在に至るまでに培われた生育歴や経験、ライフヒストリーなどの時間軸を重視する暫定的な表現として用いるため、他者との関係性の中で自分の価値志向性や政治的立場を問うことを示す「ポジショナリティ」といった概念とは異なる。特に、筆者が「立場性」という語を用いるに至ったのは、次のような理由による。

一つには、本研究の調査対象の女性たちにインタビューを繰り返す中で、彼女たち一人ひとりから発せられる語りの中に、これまでの経験に基づく見解や、一時的な感情に左右されない想いが含まれていること、また、個々の女性が抱いている想いに他の女性との共通点もあれば、多様に異なる側面もあることを強く感じたからである。

二つには、ネパール社会がカースト制を基盤とする社会であることから、少なからず、個々人のカースト的地位が各人の生育歴に影響を与えていることは否めない。だが、多様に異なる個々人の生き様すべてが、一般的なカースト社会に帰因する出来事として、ひとくくりに片付けられてしまうことの危険性を

回避したいという想いに至ったことである。

　詳しくは後述するが、例えばネワールにはネワール独自のカースト・システムに基づく社会構造により、人々の生活基盤が成立している。複雑に序列化されているカースト・システムの中で、人々は、自らが属するカーストに定められた職業や社会的な役割を意識し、従事しながら、互いの人間関係における距離を確保しつづけているのである。しかし、カースト的特徴に注目してしまうあまり、「彼女は〇〇カーストだから、□□である」とするステレオタイプなものの見方が先行してしまうことになり、個々人の固有の経験を歪曲して解釈することになりかねない。

　また、これまでのインドやネパールをはじめとするカースト社会の研究は、カースト（ジャーティ）本来の意味、つまり四種姓のヴァルナモデルを大枠として、個々に序列化されたカーストをそこに属する人々による集団として類型化することで、その特徴を明らかにしてきた。よって、一般的なイメージとして、アウトカースト（カーストにも組み入れられない最も蔑まれた人々）といえば、その悲惨な生活や理不尽な差別の実態が語られることが多く、筆者の体験からも、そのような事例について記述することは可能である。しかし、社会の周辺に追いやられてきた人々は、ただ「悲惨な状況に落とし込まれている哀れな人々」にとどまっているのではなく、当該社会の中で不可欠な役割を担う存在であることから、むしろ、したたかに、そして巧みに生き抜くすべを獲得していることもまた現実なのである（関根, 1995, 2002）。さらに、その他の多くの人々と同じように笑い、泣き、喜び、悲しむ、といったように、彼女たちもまた、人間としてあらゆる階層の人々と同じ地平に立って生きているのである。

　このような見解をもとに、一般に、「非識字状態にある人」、または、「ネパールの女性」という集団を表す固定的なイメージで語られてきた現状を、個々人の生きられた経験、または実践にシフトして捉えていくことが必要ではないかと考え、「立場性」という視点にたどり着いた。様々な国や地域に生きる女性が多様な現実を経験しており、その生きられた経験を普遍的な言語で語ることは不可能である。

第5章　学習者の生活世界への接近

したがって、彼女たちの語りに焦点を当てながら、ネパール社会の中で生じている出来事がどのような文脈の中で生起しているのかを捉えつつ、女性たちの生活世界に注目していくこととしたい。

4.2 「エンパワメント」の捉え方について

近年の人間中心主義に基づいた開発政策において、その究極的な目標の一つに、開発の受益者（受け手）の「エンパワメント」という課題があげられている。「エンパワメント」については、様々な文脈で言及されるようになってきたが、特に開発途上国の女性のための識字教育においても、「識字は学習者にエンパワメントをもたらす」として、語られている。

例えば、ブラジルの教育学者フレイレ（Freire, P.）が提起したように、「読み書きの学びを通じて、不可視化された現実を明確に捉えさせ、奪われてきた文字を取り戻す」とする批判的識字において求められたことは、学習者の「意識化（conscientization）」であった。「意識化」を行うことにより、学ぶ者が自らの置かれた状況を把握し、主体形成をも促がしていくという構図は、自身の中に埋もれていた「力」の発見につながるものであり、この文脈においては「識字教育は学習者にとって、エンパワメントである」とする表現が妥当であると判断される。しかし、識字教育の手法や教授法も多様に異なるのであり、すべてのプログラムが「エンパワメント」と結びつくかどうかは非常に曖昧である。また、フレイレの主唱したような「意識化」を呼び覚ます批判的識字教育を展開することが可能であるかどうかも定かではない。識字教育が実際に行われる国や地域により社会的な情勢や文化基盤が異なるため、学習内容や求められるニーズ、そして、学習者の反応も千差万別である。

ところで、「エンパワメント（empowerment）」ということばが最初に用いられたのは、17世紀に法律用語として「権利や権限を与えること」という意味で使われはじめたのだと言われている。また、この言葉が広範に用いられるようになったのは、第二次世界大戦後、米国での多くの社会変革活動を通してであるとされている（久木田, 1998, p.10）。

そして、「エンパワメント」ということばを「力をつけること」と定義し、女性の解放に向けた新たな地平を開いたのは、1984年にDAWN（Development Alternative with Women for New Era：新時代に向けて女性とともに行うオルタナティブな開発を推進する第三世界のフェミニストのネットワーク）と称する途上国の女性団体による提起であった。さらに、1995年、中国の北京で開催された第4回国連世界女性会議において、女性の自立を目指して「女性のエンパワメント」というスローガンが提唱されたことにより、主として先進諸国の開発政策関係者の間でこのことばは急速に広まりをみせた。それは、「能力をつけること」という本来の意味のとおり、女性が自立するために必要とされる「力をつける」ための主要な概念として用いられてきている。

　しかし、スリランカにおいて女子労働の調査を行ってきた谷口（1997）は、エンパワメントを「主体的選択可能性を拡大する基盤となる主観的、客観的力を身につけること」と定義し、女性の場合は特に、地域社会のジェンダー構造に埋め込まれた形で生産・生活が営まれているという、千差万別の状況を把握することなしに、一般化した形で女性の労働を評価したり、労働を通してのエンパワメントと論じたりすることはできないと述べている（谷口, 1997, p.232）。さらに、今日の「エンパワメント」をめぐる捉え方において、次のように分けて考えられていることを指摘している。第一に、大半の公的な援助機関の公的な見解にみられる識字力、教育、職業技能、資格など、市場で評価される目に見える能力を身につけること。第二に、NGOを中心に支持されているもので、女性自らが問題発見・解決能力を身につけること。第三に、ジェンダーと開発（GAD）や第三世界の草の根の女性指導者間の支配的な見解にみられる、女性にとって不利な社会構造や経済成長重視、男性優位の従来の開発の枠組みの根底から、現行の体制を改革するような力をつけることである（谷口, 1997, p.238）。

　これら3点に共通するのは、「エンパワメント」とは、女性が自らの生き方を改善するうえで必要不可欠な力であるということに加え、女性の自立に向けての社会的必要条件であるということであろう。しかし、どのような場合であ

れ、「力をつける」前段階として、心理的な側面における内面的な変化が必ず生じているものと考えられており、「主体性」「自己実現」「精神的自立」といったことばで表現されている。

したがって、「エンパワメント」とは曖昧な概念ではあるが、「ある特定の価値、つまり社会的正義の達成や権利の保護などの、すべての人間に備わっている潜在能力の発揮を可能にさせるような価値に根ざしたものであるということ」(久木田, 1998, pp.21-22) と言えよう。さらに、何らかの発展段階にある個人や家庭、コミュニティや国家など、人間あるいはその集合体についての「プロセス」を意味しているということであるとも考えられる。

本研究で事例とする女性たちにおいても、「何故、学びが必要であると考えるようになったのか」、また「どのように学習を解釈（意味づけ）したのか」という個人の内面化に注目することを重視し、その変化の「プロセス」を「エンパワメント」として捉えていくこととしたい。

4.3 インフォーマントとの関係性について

本研究は、参与観察とインタビュー調査により得られた女性たちの語りを中心的な分析材料とするが、インタビュー調査そのものに付随する限界性やインフォーマントとの関係性について記しておきたい。

インタビュー調査とは、調査を行う者が自分の研究目的に従って、あらかじめ用意していた質問や、あるいは枠組みを設けないで調査対象者に自由に語ってもらうことにより、語り手の述べた内容を記述し、分析しようとするフィールド調査の手法である。ゆえに、インフォーマントの語りはそのまま調査の一次資料となり、研究における貴重なデータとなる。しかし、調査により得られた一次資料をどのように捉え、分析するのかは、データを扱う研究者の判断に委ねられるため、実証主義的なアプローチを行ってきた研究者からは、価値中立的に扱うべき社会的事象を研究者のまなざしで塗り替えてしまう行為になりやすいとの批判がなされている。

例えば、春日（1995）は、フェミニスト・エスノグラフィーに寄せられる批

判から、フィールドワークにより生み出される例として、調査する者が調査される側の人間をその権力によって支配しつづけることの意味をどのように捉え説明するのかについて論じている。それによると、「フィールドワークは対象者の生活圏内に侵入、干渉し、さらに対象者と話し合い交渉したとしても、仕上げられた作品は、最終的に研究者の目的にそって、研究者による解釈を受け、研究者によって書かれるドキュメントであることにまぎれもない」(春日, 1995, p.173)のであり、調査者がフェミニストの名で行うとすれば、それは二重の背信行為であるということである。

確かに、フィールドにおいて調査依頼を申し出た矢先から、いきなり会話ができることは難しい。調査を開始してまもない頃、訪れたある村の若い女性から、「どうせ、あなたはこの話を書いて、お金にするんでしょう？」と笑いながら投げかけられたことばとそのまなざしを忘れることはできない。フィールドにおいてインフォーマントと出会い、調査への協力が得られたとしても、「調査者－被調査者」の関係が、先進国に暮らす者と開発途上国に暮らす者であれば、「北の第一世界と南の第三世界」という政治的、経済的な権力関係をも反映することになってしまう。では、どのようにすれば、この権力をもつ者と権力をもたない者との関係性から生じる「背信性」を回避できるのだろうか。

そもそも、フェミニスト・エスノグラフィーという研究領域が成立した背景について、次のような指摘がある。第一に、それまで価値中立的で客観的とされていた実証主義の社会認識が、男性中心社会の先験的知において成り立っていたこと、第二に、人間という存在が、規範や価値を内在化した客体とみなしうる側面をもつと同時に、自己対象化能力を有し、価値や規範をも操作し、状況を再定義し、相互行為過程の中で社会をつくりかえていくものである一方、実証主義的研究では、人々に共有される価値や規範の客体的側面を重視するあまり、日常の相互行為的場面における事実の把握という視点を欠いてきた（春日, 1995, p.170）とするものである。

これらの指摘を踏まえ、社会的に周辺化された立場にある人々を対象とし、彼・彼女らの声に耳を傾けていくことの必要性を主張する一方で、「調査者－

被調査者」という距離感や溝をどのように捉えていくべきかという課題に次のように応えたい。

　第一に、研究者や調査者はあえて対象者の意見や主張を代弁できるものと主張するのではなく、「強者－弱者」「北－南」「抑圧者－被抑圧者」という「固定化された関係性の楔から自由になっていく発想の転換」（荒木, 1998, p.96）の可能性に着目する必要がある。それは、マクロな政治、経済の構造を考慮すれば無視することのできない関係性が横たわっているが、ミクロなレベルで一人ひとりの人間に注目することにより、データがどのような場面、状況において得られたものであるのか、その行為の生成過程を現代を生きる人間の行動として読み解くことで、新たな地平が切り開かれていくものと考える。

　第二に、インタビューという形により、インフォーマントの声を分析する作業を通して、互いの関係の在り方にジレンマを抱き、悲観的な想いにくれることもあるが、自らの立場をも問い直す契機を見出すこととなり、客観的な視点を確保する可能性も生じてくる。そこから、調査により得られた成果をフィールドに還元していくことや、共有されるべき知見として扱うことが求められるのではないかと考える。

第5節　変容するネパール社会

　伝統的な価値規範や社会文化的慣習が、根強い社会が近代化に向かう過程において、近代的な知識や新しい科学技術の導入により産業化が促進されるだけでなく、人々の世界観や価値観、ライフサイクルなど、あらゆる側面において、従来からの「伝統知」が揺さぶられ、既存の価値の問い直しが生じることは言うまでもないであろう。ネパールにおいても、既存の価値と新たな近代知との折衝が、人々の日常生活の中で顕在化しはじめており、これまでのカースト社会におけるダルマ観（＝社会規範）を覆すような現象が生起している。

　そもそも、カースト社会において規範とされるダルマ（dharma）とは、非常に複雑な概念ではあるが、大枠として述べるならば、人間は他の生命を帯び

た動植物とは異なる「知」を備えた存在として、なさねばならない行為の範疇を述べるものである。それは、「善なる行為」と考えられており、各々のカーストによる役割分業を通して、その「善なる行為」をまっとうするべく努めることが求められている（Rai, 1995）。しかし、社会に根深く浸透しているダルマ観に対峙する新たな価値観が近代化の移行過程において具体的なものとなり、社会の支配者層（特に高位カースト層）に君臨しつづけてきた人々の足元をおびやかし、これまで自明のとおりであるとされていた世界観までをも揺るがしはじめているのである。

　このような現実社会の揺らぎを捉えつつ、自らが高位カーストに出自をもつ人類学者ビスタ（Bista, D.B.）は、著書『運命論と開発（*Fatalism and Developemt*)』（Bista, 1991）において、104年間続いたラナ宰相による専制体制時代（1846～1950年）に培われたバフン（ブラーマン）を中心とするエリート意識、価値観が、ネパールの近代化の実質的な障害となっていることを痛烈に批判し、一定の支持を得るに至っている。ビスタの述べる「Fatalism（運命論）」とは、この世に生まれ落ちた時に決定されるカーストにより、その後の人生のなりゆきが「カルマ（kharma＝業）」によってあらかじめ決定されているというものである。そのため、学識や儀礼を重んじる高位カーストの人々は、働く人に支持を与える立場にあって、肉体労働は低位カーストの人々がすべきことであると軽視し、教育を受けた社会的地位の高い者は、働かなくても良いとする価値観、考え方に立脚している。それゆえ、彼らの考える労働においては、およそ勤労による達成意欲や労働倫理には結びつかないのである（小林, 1998）。

　また、過去のラナ政権時代に培われたチャカリ（有力者への謁見、接遇）やアフノ・マンチェ（身内びいき）がなおも高位カーストが牛耳る政界を中心に蔓延しており、権力をもつ人材を何人知っているか（親しくしているか）により、自分の立場が決定されるという体制が払拭されずにある。

　1990年の民主化達成の背景には、このようなネパール語を母語とするパルバテ・ヒンドゥー（Parbate Hindu）の高位カーストに属する人々が、ネパー

第5章 学習者の生活世界への接近

ル領土内に居住する多様な民族構成からなる人々を文化的、言語的、政治的に支配しつづけていたことに対する不満や批判が噴出したのである。バフンを頂点とするパルバテ・ヒンドゥーの推進したヒンドゥー体制とは、第一に、国教としてのヒンドゥー教、第二に、公用語としてのネパール語、第三に、タガタリ（聖紐）を身につけている人々（バフン）による支配、といた3点に集約される（O'Neill, 1994）。このヒンドゥー体制を維持、強化させたのは、前国王一族の祖先でもあるゴルカ王朝に由来し、彼らは、多民族、多言語国家であるネパールを、ネパール語を強要するネパール化政策（Nepalization）、また、ヒンドゥー教を国教とすることで異なる文化的背景の人々をヒンドゥー化（Hinduization）させることにより、近代国民国家を形成しようとするナショナリズム政策を推進していたのである。

今日においては、西洋を起源とする知識や消費文化の流入、出世に必要とされていたサンスクリット中心の知識が英語中心にシフトしはじめていること、また、チベット・ビルマ語系民族（例えばネワールやグルン）の経済的成功が、経済と能力主義という新たな価値（近代観）に移行しきれていない都市部の高位カーストを中心に、大きな不安を与えてきている。

しかし、このような高位カースト層が抱く不安材料が高まる一方で、逆に低位カースト層においても新たな動きが生じてきている。

その一つには、経済的側面における変化があげられる。近代化が進むにつれて、これまでの伝統的生業として皮革加工に従事してきたサルキ（Sarki）においては、工場において皮革製品の大量生産が可能となり、人々が安価な価格で製品を購入できるようになったため、これまで以上に生活が貧窮化してきていること。他方、ポデ（Pode）のような清掃を生業とする人々は、観光を通して外貨の獲得をねらうツーリズム政策が進行しているため、都市部を中心にホテルやオフィスが増築されてきていることで、逆に就業の機会が増していることがあげられる。

二つには、社会的側面における変化として、職業カーストの人々を中心に意図的な改名行為がみられることである。加えて、アウトカーストの女性たちが

結集し、低位カースト集団による社会的に平等を求める動きが高まってきていることも注目に値する。

共和制に移行した現在においても、内閣や国会議員の主要なメンバーは相変わらず高位カーストにより占有されており、政権問題に絡む汚職が後を絶えない。さらに、インドを経由して欧米の新たな技術製品が流入してくることにより物価が跳ね上がり、都市に暮らす人々の消費生活はさらに厳しくなり、国内の地域間格差を拡大化してきている。

しかし、そのような古い体制が払拭されない半面、経済のグローバル化により国際社会の影響を直接的に受けることにより、次第に女性や子どもといった社会的弱者の立場を保障しようとする動きが急速に展開していることも事実である。例えば、1995年に中国の北京で国連世界女性会議が開催されたことを契機に、女性と社会福祉（Women and Social Welfare）省が設立され、1997年には、女性の自立を目的にした開発政策やジェンダーの視点を盛り込んだアクションプランが制定された。教育開発政策については第3章でみたように、大きく展開している。ネパールの近代化政策は、国際社会の開発政策の経緯と連動しつつ、また、ネパール社会特有の様相を生じさせているといえよう。

5.1 調査地区周辺の社会・文化的側面の変容

調査地としたパタン市A地区は、1970年代から識字プログラムが開始され、国内でもパタン市内の識字プログラムの実績数は最も多く、全国的な識字率の平均値も高いとされているが、現実には未だ文字の読み書きという行為に馴染みの薄い人々が多数存在している。その一方で、一部の富裕層を中心に、外国留学も含めて高等教育まで進学する者が増え、格差が顕著になりはじめている。教育の一般化が政策として謳われはじめて60年以上が経過するが、調査対象者の女性たちのように、社会の奔流から排除されつづけている人々がなおも多く存在する現実からすると、その達成への道は厳しいものといえよう。

しかし、例えば、地元のNGOを通じた国連機関やJICAなどの支援により、健康管理を含めた母子健康管理の勧めや、結核患者のために薬の無償配

付、診療が行われるなど、近代医療普及活動が地域社会の中で浸透してきている。A地区のようなカトマンドゥ近郊では、総合病院や医者など、医療行為や治療に従事できる人々が多く存在しているが、高額の医療費を要求される近代医療を享受できる人々は、現実的に一部の恵まれた層に限られていた。そのような経緯からすると、公衆衛生や健康管理の知識の普及活動は、貧困層の人々にも分け隔てなく分配されはじめてきている。

他方、グローバリゼーションの浸透により、ICT技術の導入が急速に展開しており、生活全般が近代化しはじめてきているという側面も見逃すことはできない。1990年代に入り、電話回線数がネパール電気通信公社（NTC）の第5次テレコム計画（1992〜1997年）の中盤から急激に上昇カーブに転じ、全国で約24.5万回線の設備能力をもつに至っている。また、インターネット産業を誇る看板や「サイバー・カフェ」が立ち並びはじめ、欧米を中心とする外国人観光客の要求にも応えている。しかし、教育の機会の提供をはじめ、社会的インフラ整備など、国内全域に都市部と足並みを揃えた開発政策が展開されているわけではない。

例えば、洗練された都会の生活を享受し、定職に就かない高学歴の若者においても、従来通りに祭事や儀式などの年中行事があると必ず参加し、親類や仲間との再会を求めて集い会うことを忘れない。祭事や儀礼は、近隣に居住する人々との関わり合いの中で営まれており、老人から子どもまでの親戚一同が集まり、家族全員で楽しむ姿は、古くから地区内に暮らす人々の生活形態の中に息づいているのである。つまり、宗教に対する信仰心を基軸にした生活空間の中で、以前と変わらない緩やかな時間配分により営まれる側面と、時に、産業化を一足飛びに超えてポスト近代に突入したかのような側面を合わせ持ちながら、日常生活が営まれているといえよう。

5.2 女性たちの視角から 〜語りの中の共通点〜

社会の変動期には、社会における意味体系が大きく変わり、個人の意味世界も変容を迫られる。近代がもたらした「平等」や「人権」という広く承認された

概念を受けて実施される識字教育やその他のノンフォーマルな学習活動は、ネパール社会においてはどのように受けとめられていくのだろうか。

調査対象者の女性たちには、高位カーストと低位カーストが混在していた。その割合は、高位カースト層出身者が全体の26％、低位カースト層出身者が全体の74％という構成であった。また、ネパーリーであるカミ・カーストの10名以外はネワールの人々であった。女性たちのカースト的地位は異なるものの、プログラムの参加に際しての動機や想いには共通点が見られた。

第一に、プログラムに参加する以前は、単独で行動することを避けていたことである。例えば、「大勢の人たちの前で話をすることが嫌だったので、いつも後ろの方に座ることにしていた」ことや、「バスに一人で乗ると不安だった」「外出する際はなるべく皆と一緒に行くことにしていた」など、単独で行動することの「自信のなさ」「不安感」がうかがえたことである。

第二に、ネパール語の「読み書きができない」ということを、「恥ずかしい」と捉えていたことである。日常生活の中で、自分や家族の名前を書かないといけないような場面に出くわすことをできるだけ避けていたことや、鞄を持って学校に通う児童を横目にしながら、「(通学している子どもは)自分とは違う存在」と捉えることで、次第に自分自身に対して劣等感を抱くようになっていたことが把握された。

彼女たちは、ネパール語の読み書きはできなくても、ネパール語による会話は流暢にこなしている。個人差はあるものの、A地区のような都市部においては、人々は自分たちの母語に加えて、ネパール語を口承で習得しているのである。また、特にネワール語の場合、書き文字は存在するが、今日においてはネワール語は古典的な経典の中の文字として捉えられ、主として口語として用いられている。そのため、ネワールの人々が書き文字として日常的に使用する言語は、ネパール語が中心となっている。

第三に、女性たちの生まれ育った家庭では、女子には男子のように教育の機会を与える必要はないとする考え方が支配的であったことである。

第5章　学習者の生活世界への接近

「一度、女性に生れたら、他に何も。他に何もできないでしょ。結婚後、ずっと仕事をしてきたんだから。女性だから、子どもも産み、育てる。他にないでしょう？　お金がないからね。疲れて、体もだるいけれど、仕方ない。お金があったとしても、女は仕事（家事）をしないといけないからね。」

（フィールドノーツ：1997年10月2日）

　生活環境において、男子尊重の慣習が重んじられてきたためか、上記の事例以外にも「女に生まれたら、子どもを産み、育てる、他にないでしょ？」「女の子は学校に行けないと思っていた。それが当たり前だと思っていた」という発言が複数あり、「女性は家事に徹しなければならない」とする、女性としての性役割について疑問視してこなかったことや、そうした固定的な考え方を否定するような行動をとってこなかったことがうかがえた。
　最後に、読み書きの学びに参加した女性たちの中には、自ら積極的に参加していた者は一人もいなかったということである。以下、彼女たちの発言の一部を紹介する。

筆者：「識字クラスに参加するにあたって、自ら行こうと思いましたか？」

「いええ（笑）。何をするところなのか、何も知らなかったから、びっくりした。私は別に参加したくて来たわけじゃなかったから（笑）。あの子（友人）が行くって言うから一緒に来ただけなのに。勉強なんか、子どもの時にちょっと（学校に）行ったことがあったけど、全部忘れてしまってたから。だから、教科書を渡された時はびっくりした（笑）。勉強は子どものやることだと思っていたし、私には関係のないことだとね。私たち（自分の家族）は皆、ネパール語が書けないけれど、今の仕事には特に問題はないと思っているから。」（45歳a、野菜売り）

（フィールドノーツ：1997年10月14日）

「家の前に皆（近所の人たち）が集まってたから、何をしてるのかと思い、聞いて

みた。そうしたら、今度、皆で集まって、ネパール語の練習をしようと誘われたんですよ。別に興味なんてなかったから、黙ってた。でも、スジャが行くと言い出したので、皆が行くことになってしまった（笑）。私は勉強なんて、必要のないことだと思ってたから、断った。でも、その人（指導者）から、何度も"あなたも来なさい"って言われて。そして、行ったら褒めてくれた。びっくりした（笑）。」
（38歳a、土産物売り）　　　　　　（フィールドノーツ：2001年9月15日）

「そんな、勉強なんて、今更、関係ないって断ったんです。私の年齢で恥ずかしいでしょう？　何度も断ってたんです。（中略）学校はあまりいい思い出がない。ちょっとしか行かなかったけれど（笑）。今は、何度も来なさいって誘ってくれた先生に感謝してますけどね（沈黙）。小さい頃は、近所の（通学している）子どもたちが羨ましかったですよ。」（29歳、手工芸品造り）

（フィールドノーツ：2001年9月18日）

　これらが示すように、女性たちに自発的に学習に参加したような態度はみられず、偶発的なきっかけにより、学習の機会にアクセスすることができたと解釈される。勉強や学習するという行為は子どもがするものであり、大人になってから取り組むものではないとする考え方が強いようである。幼少期に「学校」という空間に縁が薄かった経験が、時間の経過とともに「学校＝子どもの空間」という位置づけを強化させることとなり、加えて、そこにアクセスすることができなかった過去の自分を重ね、「自分は学校には関係のない存在」「私の行く所ではない」と捉えてきたことがわかる。
　また、女性たちが学習することに対し、当初は「（学習は）自分には関係がない」とし、意欲的ではなかった背景には、「女である」ということも、要因の一つであったと考えられる。
　しかし、識字プログラムは彼女たちにとって、「学習することを奨励され、教科書とペンを握る非日常的な機会」であり、普段、接することのない「場」でもあったと言える。

これらの共通点を踏まえ、次のような問いを設定する。

1) 日常的に障壁とされる「カースト」という文化的、社会的、政治的概念は、どのように捉えられてきているのか。
2) 識字クラスにどのように関わってきたのか。
3) 識字クラスに参加したことで「新識字者（neo-literate）」となった女性たちに、どのような変化がみられたのか。

これら3点を基軸に、女性たちの「生きられた世界」に接近する。なお、インタビューの記録はすべて本人の了解のもとで記載するものであるが、名前については仮名とする。

第6節　低位カースト層の女性の事例

6.1　「カースト」概念はどのように捉えられてきたのか

まずはじめに、ここでは、調査対象者の半数以上（55％）を占める「カドギ」カーストの人々について説明しておこう。「カドギ」は「クシャトリヤ（貴族階級のカースト）」の延臣の末裔であるとされているが、別の見解ではマハラジャン（農業を生業とするカースト）のカースト層に該当するとの説もある。カドギの人々が主として水牛の屠畜業や肉屋に従事するようになった背景には、次のような伝承がある。

「14世紀前半、ハラシンハデーヴァ王（Harisimhadeva）がカトマンドゥへ向かう途中、あまりに空腹であったため、守護神のタレジュ女神（Taleju）に祈り、助言を求めた。すると、タレジュ女神は、旅の途中で野生の水牛を見つけ、水牛の殺生を司る者を選ぶように述べた。この水牛の屠畜の役目を担う者の尊称が『カドギ（Khadgi）』であり、『刀を握る者』を意味する。カドギは低い地位であるにもかかわらず、クシャトリヤではなく、ハラシンハデーヴァ王の息子に他な

らない選ばれた者であるとしている。」　　　　　（Gellner, 1995, p.273)

　「カドギ」とは、ネパール語では食肉販売に従事する「カサイ」として知られている。しかし、先述の伝承に基づいてか、ここ30数年において、カドギの人々の中には王家の響きの尊称である「サヒ（Sahi）」を名乗る者が多い。「サヒ」とは高位のチェットリ・カーストに属する名の一つであり、このような変名は明らかに意図的にカースト・アイデンティティを攪乱させるものであるとの指摘がなされている（Gellner, 1995, pp.270-273、山本, 2001）。

　近年、このカドギの人々が自らを「サヒ」と呼ぶケースに加えて、カミ（鍛冶屋）、サルキ（皮革加工）、ダマイ（仕立て屋）といった、ネパーリーのいわゆる職業カーストが自らを「ビショワカルマ（天上の職人の神）」と呼ぶように、低位カースト層を中心に意図的な改名行為がみられるようになってきている。彼らは従来からのヴァルナモデル（四姓制度）における「ナチュネ（Nachhune＝不可触）」という職業カースト層に対応するネパール語を使用したがらない傾向にあり、自ら属する「ジャート（＝カースト）」の名称を好んで改名する動きが生じてきているという。

　このような動向をも背景に、サヒ・カーストの女性の事例をみていくことにしよう。二人とも近隣に住む者として親しい間柄であり、識字クラスも同じグループであった。

——「低位カースト」＝空間忌避される存在
スンタリ（年齢不詳、野菜売り）
「私たちは小さいカーストだから、他の人の（上のカースト）家に行った時、入っちゃいけないって言われたことがあった。このパタンで。私はその時、"あんたのカーストは？""私はラマだよ。夫がサヒなんだよ"ってね。そしたら、"あんたもサヒじゃないか"って言うのよ。私は"あんたと同じだよ"って言ってやった。"あたし達は同じ人間だから、同じ血が流れてる"って。"もし、私の体が切れたら、血が流れる。だけど、あんたも体が切れたら血が流れるんだよ。同じじゃないか"

って言ってやった。金持ちは私たちのことを嫌がってるけれど、そんなこと許さない。だって、同じ血が、人間には流れているでしょ。(略) 私たちがいないと困るのは彼ら(上のカースト)なんだからね。(略) サノガオンで肉を売っていたときだって、"井戸の水を飲むな"って言うんだから。"もし、あんたたちが飲んだら、その井戸が全部使えなくなる"って。そこにいたのは1年だけだったけど。お金も損したわよ。たくさん損したからねえ、肉屋はやっぱり無理かなあ。ここからは遠いけどね。ここなら、いけると思ったんだけどね。だめだった。私たちは(そこの)水を使えなかった。ジャポ(マハラジャン)がね(水を使うなと)、いちいち言ってくるんだ。それからは、サドバトにも行ったけどね。一日50ルピーぐらい稼いだかな。もう、ずいぶん前のことだけど。それからは、サノティミにも行ったけど、やっぱり損したからね。だめだった。それからはここでね。野菜は緑でしょ。緑なのに、もし、上のカーストに水を渡そうとしたら、怒られるのよ。わけがわからないわ。」　　　　　　　　(フィールドノーツ:2000年3月3日)

ナニ(45歳、野菜売り・洗濯)
「(略) 私たちはサヒカーストです。サヒは肉を売るカーストなんです。(略) 最近では、お金のある人が肉を売ってます。自分の店でね。今じゃ、肉屋をするには、冷凍しておかないとね。機械が必要だから、昔と違って(笑)。冷蔵庫がいるからね。お金がないと無理。知らないでしょうけど、ネパールでは仕事がカーストごとに決まってるから。私たちは自分ですることができないから、他の人に習って覚えたり、やってもらったり。だから、何でもできるわけじゃないのよ。金持ちは知らないけど、私たちの間では、同じだと思う。この辺りはすべて同じサヒ。昔は、大きなパーティーとかでもカーストの違う人とは一緒に座らないんだから。お皿も一緒に触わらないしね(上位カーストと食事を一緒にしないということ)。今はそうでもないかと思うけど。ああ、でも今もそうかもしれない。この前は別だったから。ここ(パタン)じゃあ、そういうことも少ないからね(沈黙)。昔のことだけど、やっぱり、今もそうかもしれない。なぜなら、この前もそこ(近くのヒティ)で洗濯してたら、ここの水は汚いって子どもに教えてる親子

がいたしね。私たちは毎日、水汲みしてるのに、汚いだなんて、何故、そういう言い方をするのか、わからなかったけど、今、思うとそういう（私たちが使用しているヒティだから）ことだったのかもしれない。まあ、もういいけれどね（子どもの手を握る）。でも、私たちが働かなければ上のカーストは何もすることができないのよ。例えば、肉や野菜を売らなければ、食べられないでしょ。サヒが売らないとね。私たちの体は大きなカーストの人と同じなの。カースト・システムは今は少し、変ったけどね。」　　　　（フィールドノーツ：2001年9月19日）

　上記のスンタリとナニの語りは、ともにサヒ・カーストであることを理由に、地域で共有されているはずの井戸の使用を許されてこなかった経験を述べている。ナニの発言にみられるように、確かに今日では、「ここの水は汚いからなぁ」「この井戸の水を飲むな」というような発言は、パタン市のような都市部においては、「昔のこと」と片づけられてしまうのかもしれない。しかし、筆者に対し、「あそこ（サヒの居住区）はとても汚いんだ。できれば、行かない方がいいと思うよ」と何度も助言した地区内に暮らす高位カースト層の人々が複数存在することからも、今日においても「サヒ」というカーストは「water-unacceptable caste」（水を与えられないが可触のカースト）とみなされているに違いない。また、上記の二人の女性以外にも、「プジャ（祭）の時、寺院にも入れてもらえない」「仕事（農作業）中、上のカーストが食事をしていたら、近づくなと言われていた」とする発言が多く聞かれ、概して高位カースト層の人々は低位カースト層の人々と空間を共にすることを避けていることがわかる。また、居合わせる場面が、「食事」や「水」の授受にまつわる場合に、特に忌避されていることが伝わってくる。

　しかし、ナニも述べるように、今日のネパールの畜産業、および食肉販売にかかわる仕事に携わっている者が経済的な成功を収めるようになり、ある程度、資金力のある者しか、食肉販売に就けなくなってきている。今日、食肉販売においては冷凍貯蔵庫の必要性が増してきている。従来のように、処理したばかりの水牛を切り裂き、そのまま店頭に並べておくようなことは、「商品

(肉)を台無しにする(腐敗するため)」ことになるため、冷凍保存しておくことが欠かせないのである。つまり、高額の冷凍庫が肉屋の必須アイテムであるため、「お金があれば、肉屋をすることができる」と受け止められてきているのである。ゆえに、同じ地域のサヒ・カーストであっても、経済的な格差が生じてきているものと考えられる。

　ネワールの諸カースト・システムに詳しい石井(1980他)によれば、近年の傾向として、サヒ・カーストの若者たちは、食肉販売に関連する伝統的生業に対する人々の蔑視を認めつつも、現実には生業を維持する方が経済的に有利であることから、むしろ伝統的生業に回帰する傾向が強くなってきていること、また、従来であれば明確な隔たりがあったと思われるカースト間の関係も、主に都市部を中心に異なるカースト間の通婚が進み、それまで、低位にあったカーストが隣接する上位カーストと同程度の位相に位置づけられるように変化してきているという。しかし、カースト社会全体としては、その主要な特徴である「名前をもち、互いに序列づけられ、原則的に帰属は生得的(世襲的)で、内婚的であり、また、浄・不浄の観念、力と地位・役割の重なり合いへの指向、および上位政治権力に表わされる統合観念」(石井, 1997a)は、未だに日々の暮しの中に深く浸透しているものといえる。

　実際に、サキャ(Shakya)やシュレスタ(Shrestha)などの地域のドミナントカースト層に属する筆者の友人たちは、「ぼくらはネパールで肉屋や肉に関する仕事はできないんだ。いくら儲かるとしてもね。もし、そうしたら(食肉関連の仕事に就けば)、家族やみんな(親類)が悲しむことになる。友人も同じだろうな」と述べ、食肉全般にまつわる仕事を蔑む態度が把握される。A地区の周辺では、サキャやシュレスタといったカースト層が営む手工芸品の店が軒を連ねており、彼らは経済的、政治的にもパタン市の主力カースト層として君臨している。

　また、調査時に筆者の友人であるM氏(サキャ・カースト)がA地区の代表を務めていたが、M氏によれば地区の代表者を決める選挙において、低位カースト層の居住区域には「特に声かけ(挨拶回り)はしたことがない」と

し、サヒ・カーストの人々が地区内のあらゆる面で周辺化されている存在であることがわかる。それゆえ、仮にサヒ・カーストの中で経済的に成功を収めた人がいたとしても、彼らはネパール社会の中では「低位に属する者」として扱われており、彼らに向けられるまなざしは、依然として周辺化されたものであるといえよう。

── 「同じ人間」であることの問いかけ

　上述の二人の女性の例は、今日もネパールの社会に残存するカーストに基づく差別的な慣習を示しており、日常生活の中で不浄とみなされた人々を忌避する場面の一例であるといえよう。

　しかし、このような差別の現実の中で、「家に入るな」とする発言を受けたことに対し、「私たちは同じ人間なんだからね。（体を）切ったら血が流れてくるんだから」「彼ら（上のカースト）は私たちがいないと困るんだから」と述べ、差別的な発言を投げかけられても、「同じ人間だから」という姿勢により、避けられている「立場性」を回避しようとしている。また、これによりカーストによる不浄の概念を乗り越えようとしているものと考えられる。さらに、現実的な問題に目を向け、「私たちがいないと困る」「サヒ・カーストがいないと野菜や肉が食べられない」というように、定められた社会的身分ではあるが、互いに依存し合っている社会関係を見据えた発言がなされている。

　ネパールをはじめ、南アジアのヒンドゥー世界では、牛をはじめとする数種の家畜が、農業などの生産活動の資源や食料供給源として不可欠な存在となっている。また、例えばカドギの人々の生業とされる水牛の屠畜業が不浄のイメージを付与するものであるように、家畜と畜産物の扱いは文化的、社会的にも重要な意味合いを持ち、宗教倫理やカースト秩序の維持形成にも深く関わっている（月原, 2002）。畜産物の消費嗜好という観点においては、カーストやエスニック・グループなどの違いにより、食する肉に大きく差違が生じるが、実質、カトマンドゥ近郊の庶民が口にする食肉は水牛、山羊や鶏の肉であり、加えて人々が日常的に口にするチャー（ミルクティー）に使用するミルクの販売

もカドギ（カサイ、サヒ）の人々が伝統的に担ってきている。つまり、「自分たちの存在がなければ困る」「同じ人間だから」という語りの中には、「私たちはネワール社会に必要不可欠な存在であり、かつ、他の人々と同様に社会の構成員である」という主張がなされているのである。

現憲法では、カーストによる差別はいかなる場合も許されないとされているが、カースト的地位により地区内の行動に制約を受け、差別的な発言を受ける「日常」が繰り返されている。

6.2　識字クラスにどのように関わってきたのか
――「識字クラスに参加すること」＝仕事をおろそかにすること

調査対象者の約7割（74％）が低位カースト層であった。彼女たちはどのようにプログラムに関わってきたのであろうか。

筆者は、彼女たちの居住地にたびたび足を運んできたが、その度に感じることは、彼女たちの住居が日の当たらない路地裏に集中していたことである。屋敷の入り口と通りの地面に高低がさほどないため、雨季ともなれば、通りに溜まった雨水や汚水が戸口から流れ込んでくることもあった。また、通りにはアヒルやニワトリのエサやごみが散乱しており、時には悪臭に悩まされることも多かった。

一般に、ネワールの居住する家屋は、ネパール国内の他の民族と比べて非常に特徴的な構造をしている。それは、通りから眺めればレンガ造りの建物が壁のように立ち並んでいるが、入り口をくぐるとそこにはチョークと呼ばれる小さな四角い中庭が広がっており、その中庭を囲む形で4、5階建てのレンガ造りの家屋が並列している。つまり、四角い中庭を囲むその一辺一辺がそれぞれの家族の屋敷であり、半ば四角形の長屋のような構造となっている。都市部における典型的なネワールの家屋は、1階（cheli）が倉庫や機織りの作業場、または通りに面している場合は店舗として使用されている。トイレも1階に設置されていることが多い。2階（mata）に寝室や応接間、3階（cwata）に大勢の人を招いた際に食事ができるような大部屋がある。そして、屋敷の最上階

(baigah)の奥に台所が置かれている。カースト社会では台所、つまり人々が日常的に口にする食物を調理する場所は神聖な場とされており、一族以外の訪問の際、低位カーストの人々は屋敷の戸口までであり、仮に入室が許されたとしても台所に入ることはまず許されていない。

しかし、インタビューに協力してくれたサヒ・カーストの人々の家屋は、同じネワールといえども6畳ほどの部屋が寝室、台所、居間をすべて兼ね備えているような一部屋に一つの家族が暮らしているという状況であった。そのため、筆者の訪問の際、「ここに座って」と手を向けられたベッドの上にインタビューイーの女性と2人で腰を掛け、そのすぐ真横で家族が食器を洗い、お茶を沸かしてくれるということもあった。

ところで、ネパールでは水汲みや炊事、洗濯は女性の仕事とされており、そのため、女性たちは早朝（5時頃）、その日に使用する水を近くのヒティ（水汲み場）まで大きな壺を抱えて汲みに行かねばならない。一日の仕事は水汲みから始まるのである。そして、炊事、洗濯、掃除と、一日の大半を家事に裂かれる一方で、仕事にも行かねばならず、ゆっくりとくつろぐ時間をもつことは難しいものと思われた。昼過ぎの約束の時間に筆者が訪問しても、洗濯桶を前にしてしゃがみこんだまま、こまめに手を動かしていることもあった。

居住地や住まいの構造の違いに加えて高位カースト層の女性たちと確実に異なることは、生活において必要不可欠な水を汲む場（井戸や水道など）が自分の居住する敷地内にはなく、少し歩いて水汲み場に行かねばならないことであった。そのため、水の入った重い壺や洗濯物を抱えて何往復もしなければならない。また、洗濯物を干す場所も定まらず、道端の石や塀の上に並べるため、車やバイク、人の往来の際に、きれいに洗ったばかりの衣服に砂埃や泥水が容赦なく降りかかり、清潔さを保つことは難しく思われた。

「そんな、（クラスに）行くことができないんだから。仕事はどうするって、必ず聞かれた。義姉なんてずっと無視してた。いつも（無視してる）だけれど、私がクラスに行くと皆（家族）が機嫌悪くなる。夫には、おまえは仕事をしないと言

第5章　学習者の生活世界への接近

われて殴られたこともあった。涙が出たけども、皆（同じグループ）が慰めてくれて……。きっと、他の子はこんなこと（殴られたりすること）はないと思うけど、みんな（家族）嫌がっていて、早く帰って来いとばかり言われていた気がする。」
　　　　　　　　　　　　　　　　　　（フィールドノーツ：1998年4月5日）

「いつもナニ（同じグループの女性）と行くことにしていたので、彼女がやってきたら、行く（家を出る）ことにしてました。最初は時間の使い方がわからなくて、仕事の途中でクラスに行くことが多かったけど。でも、クラスに行っても面白くなかったから（笑）。アンジュ（指導者の女性）が説明してくれても、興味が持てなくて……。勉強していると、（仕事に戻って来いと）呼びに来られ、帰らないといけなくなったこともあった。（家族）皆、興味がなかったと思います。」
　　　　　　　　　　　　　　　　　　（フィールドノーツ：1998年4月16日）

「家でクラスの話をすると、（夫やその他の家族が）いい顔をしない」「仕事をさぼっていると言われた」「お前が行くところではない」などと言われ、頑張れというような、応援するメッセージはおよそ聞かれなかった。総じて、学習に参加することを家族から快く受け止められていなかったものと解釈できる。また、家族の理解というよりは、家族をはじめとする近隣のすべての人々がプログラムそのものに興味がなかったように考えられる。「クラスに出席すること＝仕事をおろそかにすること」と思われていた傾向が強い。それは、生活のために、「稼ぐことで救われる」と解釈せざるを得ない状況が根底にあり、そのよう緊迫した状況が直接的にその家族を取り巻くあらゆる側面に反映することとなり、ひいては人間の行動すべてを制約することになると考えられる。日々の糧を得ることだけで精一杯の日常生活から、将来に夢を託す範囲が限定されてしまい、目先の利益を優先してしまう。そこには「仕事をする」こと以外には何も見出すことができない「日常」が垣間見られた。

　このような生活世界に身を置きながらプログラムに参加することは容易なことではなかったであろうと推測される。中には、「夫や義母と（プログラムに

関する）話をしなかった」「黙って参加した」という女性もみられ、クラスに足を運ぶことができたとしても、帰宅後、学んだことについて話すことははばかられた様子が伝わってきた。しかし、偶発的なきっかけによりプログラムに誘われ、学習を開始した当初は、「興味が持てなかった」としても、途中で投げ出さずに参加し続けた女性が多かったことは、次第に彼女たちがプログラムの内容に少なからず興味を抱き、そこに集うことに何かしらの想いを抱くようになったからではないかと考えられる。

次に紹介するサニという名の女性は、参加当時を振り返り、クラスに参加しはじめると家族からの反感も徐々に気にならなくなってきたことを述べている。

「子どもの時、兄が学校に行くと家を出た後、後ろからつけて行くこともありました。（兄は）どこで何をしているのか、とても知りたくて、黙ってついて行くことを繰り返していると、父や母に見つかって怒られました。でも、クラスに参加して初めて何をしていたのかわかりました。初めのうちは、テキストを手に持って読みの練習をしていても、仕事のことが気になって仕方がなかった。でも、毎日、同じように（クラスに）行くようになると、今は友だちと一緒にクラスで話をすることができると思い、はじめの頃のように、仕事のことが気にならなくなってきましたね。最初は、ここに（クラスに）いると姉や夫に悪いと思っていましたけど……。夕方までに仕事を片付けて、がんばりましたから。」

（フィールドノーツ：2001年9月14日）

サニは「夕方までに仕事を終えるようにした」と述べ、自分が参加することで仕事に支障がでないように努めてきたことを伝えている。彼女たちの仕事の多くは路上での野菜販売や土産物売り、または農作業が中心である。クラスに参加すれば人手が減る。そして収入も減ってしまうという中で、何とか時間の都合をつけてプログラムに参加していたのであった。

6.3 識字クラスに参加後の女性たちの変化
――払拭されない無力感

　低位カースト層の女性たちは、識字クラスに参加して、「特別な変化はない」とする声が圧倒的に多く、ネガティブな態度をみせる者が目立った。その主張に、ある一定の傾向があることが明らかになってきた。次にその一例を紹介しよう。

「うーん……（沈黙）。変わったことは、（数字を）数えることが速くなったことかなあ。看板の字が読めるようになったことも。それ以外は、何もないと思う。仕事もないしね。仕事があればいいけれど。誰も何もしようとしないでしょ。女だし……。（中略）もし、誰かが、もっと自由な、もっと何でも（仕事を）できる社会にしたらいいけれど、それは無理でしょ。仕方ないから。私にも無理なことはわかっているから。だって、ここから出ていったら、行くところはないし、仕事だってないじゃない。でも、何かやろうと思う気持があれば、どんな仕事でもやっていけると思う。大きな仕事（お金になる仕事）をもらえたらね。（中略）私たちはお金がないから、どんな仕事でもしないといけないのよ。そうでしょ？」
　　　　　　　　　　　　　　　　　　（フィールドノーツ：1998年3月3日）

「クラスで教わったことは子どもには伝えるようにしてたけど、夫は、最近、体調が良くないので、あまり文句を言わなくなった（沈黙）。また、（クラスが）あれば、いいけど。私は新聞などは読まないし、買ったこともない（笑）。仕事で一日中忙しいから、もらった本（配布されたテキストや輪読用の小冊子）を読む時間がないです。忘れてしまったことも多いです。今は何かいい仕事があればいいなと……。」
　　　　　　　　　　　　　　　　　　（フィールドノーツ：1998年3月14日）

　インタビューを通じて、複数の女性から再三に渡って聞かれたことばは、「仕事がない」「何もすることができない」「仕方がない」「女だから無理」「(学

習したことで）何か変化となる出来事がこれといって見当たらない」とする旨の発言である。

　彼女たちの仕事は、一部の者はカドギの生業である水牛の屠畜業および畜産業に従事しているが、その他多くは、一日中路上に座り、その日の早朝に調達してきた野菜やその他の品物を並べて日銭を稼いでいる。その生活は決して楽なものではなく、「他に（稼ぎの）いい仕事があれば」と願わずにはいられないのであろう。そのため、「仕事がない」とする諦めにも似た発言や「どうすることもできない」といった払拭されない無力感を漂わすことにつながっていくものと推測される。

　また、「もっと何でも自由にできる社会」と望む背景には、下層の社会的クラスに属していることに加えて、女性であるということが、「女だから無理」というネガティブな姿勢を強化させることとなり、ネパール社会においては二重に周辺化された立場に置かれていることも表わしている。

　こうしたことは、日本の被差別部落の女性たちを対象にした研究においても、類似の傾向がみられる（部落解放・人権研究所, 2001）。狭い人間関係であるが、仲間同士の結束力は高く、「ここにいれば、誰かが助けてくれる」というように、強い仲間意識を感じることができる。しかし、その一方で、将来に対する具体的なヴィジョンを描くことができず、目先の利益にのみ執着してしまう。そのような日常生活から抜け出すことができないため、おのずと無力感や無気力といったネガティブな思考を募らせてしまうものと考えられる。

　しかし、女性たちに繰り返しインタビューを続けてきたことで、彼女たちがいつまでも無力感に浸っているのではなく、変化をきたすことができない自分たちにむしろ苛立ちを覚え、自分たちにできることを見出そうとしている動きに触れることができた。

　以下において、前述のスンタリという女性の例を紹介する。

──外に向けられた変革

　スンタリは、A地区内の小さな寺院前の広場で仲間と一緒に野菜を売ってい

第5章　学習者の生活世界への接近

る。息子たちは土産物屋で下働きをする都合上、家を出て行ったため、現在は夫と義理の母と一緒に暮らしているという。義理の母とは相性が悪いらしく、いつも文句を言っていたことが印象に残っている。

　UMNの関係者によれば、スンタリは、学習に取り組んでいる間は、それほど学習内容に興味を示すことはなかったそうである。また、筆者と初めて出会った時は非常に愛想のない対応であり、機嫌の悪い日には筆者の訪問を無視することもあった。しかし、数回にわたり訪問を繰り返し続ける中で、「（野菜の代金のおつりの）計算を指で数えたのだが、（代金が）間違っていないか」と聞いてきたり、「新聞を（代わりに）読んで欲しい」と頼んでくるなど、気軽に話し掛けてくるようになった。話をしてみれば、なかなか面白い女性であり、表情豊かで魅力的な人柄である。時に、仲間内からも頼りにされている姿が見られた。しかし、地区内で彼女の存在を知っている高位カーストからは、「夕方になると酒を飲んでいる」「声が大きくてうるさい」「いつも汚れた服を着ている」と評し、彼女に対する良いうわさが聞かれることは、まずなかった。

スンタリ：「また、来たの？（笑）今ね、毎日、水（飲料水）を作ることにしたんだ。家族の健康は大事だから。（略）家の中もそうだけど、家の前だって、みんなで掃除しよって言ったんです。病気にならないようにね。義母はずっと無視してる（笑）。気に入らないのでしょう。前からね。ちょっと（ドアを開けて、中に入るように手を振る）。」

筆者：「あなたは今まで、何をしても無理だと言っていましたよね。いい仕事もないから、何でもしないといけないって。プログラムに参加しても、何も変わらないって。」

スンタリ：「ああ。覚えてますよ、ここに座って話しましたよね。プログラムが終わって、何もしていなかった頃でしたね。あれから、夫の調子が良くなく、ずっと薬を飲んでいるから痩せてしまってね……。だから、私がずっと働かないとい

けない。（後ろを指差しながら）あいつら（マハラジャン）は避けてるようだけど……。私たちにもできることを見せてやろうと思って……。」

筆者：「何か他の仕事を探してるのですか？」
スンタリ：「そりゃそうよ。今は、ホテルに行っても食事ができるでしょ。ポデ（清掃）だってホテルで上のカーストと一緒に働いている。まあ、お茶屋には（ポデは）入ってこないけどね。昔ほどじゃない。今は、世界の問題は戦争しないことばかり。それは良いけれど、暮しが良くなるためにはもう少し、考えて欲しい。お金がなくてもかまわないから、そういうシステムを変えて欲しい。」

筆者：「では、どんなシステムになればいいと思いますか？」
スンタリ：「女性だけの力で闘うこともできると考えてる。今、ネパールには女性だけのアソシエーションがある。そこで、何ができるかを考えることができる。皆で話し合うことができる。質問するのよ。私はそこで、話し合ったんだ。この地区の皆は家事ばかりではなく、お金を稼ぐ仕事をしようといってる。力のある女性はそのような（お金を稼ぐ）仕事をするでしょう。もし、私だったら、汚い街をきれいにする仕事や病気にならないように清潔にすることとか。今、仕事で忙しいから、サニタ（友人）とかには話してないけど。野菜の仕事は4ルピーで仕入れてきて、5ルピーにして1ルピー利益を付けて売ってる。でも、ある客は"高すぎるって。あんたは2ルピー儲けているでしょう"って言うから、喧嘩したのよ。（笑）一週間のレンタル代（野菜を売る際に借りている代金）は100ルピー。クラブに支払わなければならないからね。（クラブはプルチョークにある市庁舎を指す）野菜を購入するために50ルピーを寺院に払うの。そうしたら、150ルピー支払うことになる。その時は200ルピーの儲けがあったから良かったけど、なかったら、利益はないのよ（笑）。クラブはこの地区を良くするために、お金を徴収するっていうけれど、困るわ。」

筆者：「じゃあ、あまり儲からないじゃない？」

第5章　学習者の生活世界への接近

スンタリ：「そうよ。でも野菜が売れなくても一週間、100ルピー。今日も行ってきた。でも、夫が薬（結核患者に無料配布される薬）をもらいに行く日だから、9時に戻ってきたけどね。バスでイマド（村の名前）まで行って、野菜を仕入れ、スンダラまでテンプーで帰ってきた。今は土曜日も映画をみることができないぐらいに忙しいんだ。前は100から200ルピーぐらい1日で儲けた。でも、今は暑いからすぐに（野菜が）だめになってしまうでしょ。あんまり儲からないのよね（沈黙）。」

筆者：「じゃあ、これから先の計画は？」
スンタリ：「私たちは皆死ぬんだから、将来なんて無いわ（笑）。あたしは結婚してからサヒだから、夫の家族に嫌がられた。今だって（夫の家族から）服の一枚もくれない。話もしないけどね。私の母は結婚する時、心配してた。なぜなら、カーストが違うでしょ。相手がサヒだから。義理の兄の所に私は行けない。家にも入れてもらえなかった。恋愛だったからね。カーストは家族をバラバラにするでしょ。あたしの家族はカーストにより差別することはしなかった。私たちは牛肉を食べないし、サヒだってそう。いくら金があっても同じでしょ？　金持ちであっても変わらない。上のカーストがすることに従うしかないんだから。私だって学校に行くことができたなら、こんなに困ることはなかった。チャンスがなかったからね。さあ、お茶を飲んでよ。（お茶を勧めてくれる）。（中略）気持の問題かね。そうやって、ひどいことを言われてもね。大きな仕事をしているやつらは、"ここでは商売はできないよ"っていう。（私たちを）汚いというのよ。お寺のそばで売ってるけど、別に邪魔してるわけじゃない。ジャポやサキャの連中よ。ジョシがいちばんよくそういうかな。」

筆者：「そうすると、仕事が制限されるでしょう？」
スンタリ：「そうね。ラガンケルでもそうだった。あいつらは王様みたいにするからね。去年はガラ（荷台）を使って、野菜を売り歩いた。ガラ1台で（レンタル代が）3,000ルピーもするんだから!!　高いのよ、本当に。」

129

筆者：「ところで、前に参加してた識字プログラムについて教えて下さい。」
スンタリ：「識字？　ああ、クラスね。うーん……行く前は、何をやってるかわからなかった。でも行ったら、友達も来てて、楽しかった。義母は"そんなことして、何するの"って怒ったけど、私は14時までに家事を終えて、がんばった。未だに口をきかないけどね。（中略）また、あるといいなあと思いますよ。数字の書き方が習いたい。仕事でも必要だからね。義母はさ、ちょっとできるからね。（読み書きが）学校に行ってなかったみたいだけど、娘から習ってたんじゃない？夫はできないのにね（笑）。でも、この人の兄弟はできるのよ。皆、仕事があるから行けない。今は本当に忙しいからね。あそこで勉強してから、上の人（上位カースト）に話すのが恥かしかったけど、今は違うわよ。あたしは仕事のことだって、言うんだから。クラブで話し合うとき、私は質問するし、私にも聞いてくれる。前に"明日から、あんたたちはここで商売しちゃだめだ"って言われたことがあった。その時、腹が立って、"ここでできないんだったら、どこでするんだ。私たちもこの国の人間なのに！"って言ってやった（笑）。上の奴等はいつもだから。でもクラスに行く前に、そう言われたなら、きっと仕事ができなかっただろうって思う。今頃ね。」

筆者：「どういうふうに、（高位カーストと）上手くやっていけると思いますか？」
スンタリ：「そこのクラブの人は皆、同じじゃない。親切にしてくれる人たちもいるからね。でも、綺麗な人たちは何にもいわないけれど、以前、夕方、暗くなってきたから、鍵をもらって、そこのお茶屋があるでしょ、そこに行って電気をつけたのよ。そしたら、他の人がやってきて、"あんたはドアを開けちゃだめだ。電気もつけるな"って言うのよ。アニタ（従姉妹）がやってきて、"100ルピー（一週間のレント代）払ってるんだからいいじゃないか"って言ってくれて、喧嘩になった。お茶屋はシュレスタよ。私たちはお茶を買ってるんだから。今は関係ないでしょう。ポデ（清掃人）以外は飲めるんだから。ポデは絶対に入って来ないよ。だいたいこの辺りは同じカーストが住んでいるけど、困った時とか助けてくれる。だから、ここに住むようにした。私は結婚してからここにいるけど、皆、

郵便はがき

101-8796

537

料金受取人払郵便

神田局承認
8956

差出有効期間
2018年9月
30日まで

切手を貼らずに
お出し下さい。

【 受 取 人 】

東京都千代田区外神田6-9-5

株式会社 明石書店 読者通信係 行

|||ı|ı·ı|l·ıl|ıl|ıı|l|ıı|ıl|ıı|ı|ıı|ıl|ı|ı|ıl|ı|ı|ıl|ı|ıl|

お買い上げ、ありがとうございました。
今後の出版物の参考といたしたく、ご記入、ご投函いただければ幸いに存じます。

ふりがな		年齢	性別
お名前			

ご住所 〒　　-

TEL　　(　　)	FAX　　(　　)
メールアドレス	ご職業（または学校名）

*図書目録のご希望	*ジャンル別などのご案内（不定期）のご希望
□ある	□ある：ジャンル（　　　　　　　　　　　　）
□ない	□ない

書籍のタイトル

◆本書を何でお知りになりましたか?
　　□新聞・雑誌の広告…掲載紙誌名[　　　　　　　　　　　　　　　　　　　　　]
　　□書評・紹介記事…掲載紙誌名[　　　　　　　　　　　　　　　　　　　　　　]
　　□店頭で　　　□知人のすすめ　　□弊社からの案内　　□弊社ホームページ
　　□ネット書店 [　　　　　　　　　　] □その他[　　　　　　　　　　　　　]
◆本書についてのご意見・ご感想
　　■定　　　価　　□安い（満足）　　□ほどほど　　　□高い（不満）
　　■カバーデザイン　□良い　　　　　□ふつう　　　　□悪い・ふさわしくない
　　■内　　　容　　□良い　　　　　□ふつう　　　　□期待はずれ
　　■その他お気づきの点、ご質問、ご感想など、ご自由にお書き下さい。

◆本書をお買い上げの書店
　[　　　　　　　　　市・区・町・村　　　　　　　書店　　　　　　店]
◆今後どのような書籍をお望みですか?
　今関心をお持ちのテーマ・人・ジャンル、また翻訳希望の本など、何でもお書き下さい。

◆ご購読紙　(1)朝日　(2)読売　(3)毎日　(4)日経　(5)その他[　　　　　新聞]
◆定期ご購読の雑誌 [　　　　　　　　　　　　　　　　　　　　　　　　　]

ご協力ありがとうございました。
ご意見などを弊社ホームページなどでご紹介させていただくことがあります。　□諾　□否

◆ご 注 文 書◆　このハガキで弊社刊行物をご注文いただけます。
　　□ご指定の書店でお受取り……下欄に書店名と所在地域、わかれば電話番号をご記入下さい。
　　□代金引換郵便にてお受取り…送料＋手数料として300円かかります（表記ご住所宛のみ）。

書名		
		冊
書名		
		冊

ご指定の書店・支店名	書店の所在地域	
	都・道 府・県	市・区 町・村
	書店の電話番号　（　　　）	

第5章　学習者の生活世界への接近

助けてくれるからね。子どもの時は小さいカースト（低位カースト）は食べるものもなかった。今は、皆、お互いに仕事してるから、大丈夫だけどね。別にポデと一緒にだってかまわないわよ。仕事が一緒にできるんだったら、ポデと食事だってできるでしょう。子どものとき、勉強してなかったらね。今はできるんだから、そんなこと、問題ないから。」　　（フィールドノーツ：2001年9月15日）

　結婚後、A地区にやって来たスンタリは、仕事（食肉販売）の失敗を繰り返しながらも野菜の販売により何とか生計を維持してきている。その生活は決して楽ではなく、社会の底辺層に生きる者の不安定な生活状況が示されている。彼女は、持ち前の勝気な性格から周囲と衝突することも多いようであるが、プログラムを通して学んだことから、「子どもの時は勉強してなかったけれど、今はできる」と自信を見出し、「私たちにもできることをみせてやろう」「女性だけの力で闘うこともできる」というように、積極的にこれまでのカーストの違いによって生じる差別的な慣行を批判し、自分たちにできることを実践しようとしている。そして、再び識字クラスに参加したいという意向を示している。
　識字クラスに参加していた頃の彼女は、クラスの開始時刻に遅れて来ることが多く、テキストも持参せずに手ぶらでやって来て、ただ黙って最後列に座っていたという。そのため、周囲からはそれほど学習に対して興味があるとは思われていなかったのである。筆者自身も、彼女の口から、「（クラスが）あれば、もう一度、参加したい」という意向の発言が聞かれたため、非常に驚いたことを覚えている。また、識字クラスに参加当時は、ただ、入り口付近に黙って座っていただけであったようだが、公衆衛生に関する知識や飲料水の作り方などを理解しており、日常生活の中でできることを実践しようと前向きな態度をとっていることも意外であった。彼女は自分の生活の中でできることを見出し、「暮らしが良くなるため」の方策を求め、その実現に向けて動き出そうとしていることが伝わってきた。

──もうひとつの主体的な動き：内に向けられた変革～二人の娘を産んでから～

　前項に紹介したスンタリが述べていたような、女性だけのアソシエーションにより社会を変えていこうとする考えを、「社会に向けられた変革」、つまり「外に向けられた変革」であったとすると、次に紹介する事例は、自己変革＝「内に向けられた変革」の例である。

　スンタリのように、クラスに参加したすべての女性が同じように変化の過程をたどってきているのではない。私たち一人ひとりの思考が各人各様であるように、個々の女性たちの目指すモデルもまた、多様に差異がある。本節の最後に、低位カーストの女性がプログラム参加後に見出した、もう一つの「主体的な動き」の例を紹介したい。

　女性たちが参加したプログラムでは、基礎コースやポスト・リテラシーの中で、数回に分けて育児や衛生に関する情報が提供されていた。例えば、育児に関する例では、参加者をUMNの事務所に集め、その日のテーマに関連したビデオを全員で鑑賞し、ディスカッションを行う。筆者が居合わせた日は、女児が生まれても悲しむことなく、その誕生を祝い、男性も積極的に育児に参加する必要性が議題として話し合われていた。家父長制の社会に見られるように、ネパール社会では、家族の後継者に男子がいないとその家は衰退するものと考えられているからである。

　この日、クラスに参加していたプルジャという名の女性は、お腹に二人目を身ごもっており、今度こそは男の子と願っていたこともあり、驚いた様子であった。指導者から意見を求められても、「男の子が家にいないと困る」と不思議そうな顔で返答していた。プルジャはクラスに通いはじめてからのことを次のように回想している。

「最初は聞かれたことや（指導者が）言っていることがわからなかった。ネパール語だって、言われたとおりに書いていくだけで、一人では書けないし、読めなかった。（クラスに）行っても楽しくなかった。アンジュ（指導者）には悪いけれど、よくわからなかったから。いつ頃かは覚えていないけれど、上の娘が名前を

書いて欲しいとペンを持ってきた時、びっくりして、答えられなかったんです。何か書かないといけないと思って、小さくノートに書いてみたんです。娘が喜んで、もっと書いて欲しいって。夫も母もみんな（家族）、驚いてましたよ。私には（字を書くことが）できないって思っていたのでしょう。本当に驚いてました（笑）。」

実のところ、彼女自身は学習を始めた当初（1996年3月頃）は、内容に興味が持てずに欠席しがちであった。半年間の基礎コースが終わりかけてから、次第に意欲的に取り組むようになり、学習が終わる頃にはスタッフに、「もっと続けて欲しい」と頼み込んだという。プログラムが進むにつれて、子どもに覚えた文字を書いてみせたり、教えてみることなどを繰り返しているうちに、自身の力で子どもに教えなければならないという気持ちに駆られたという。同時に、学習することにも喜びや面白さを見出すことができるようになり、また、家族から認められたことも拍車をかけたようだ。

筆者は、2001年9月にネパールを訪問した際、プジャを訪ね、インタビューを求めた。彼女は以前よりも少し痩せたように見えたが、元気な女の子を出産したことを笑顔で伝えてくれた。

「娘が二人になってしまった。ここ（ネパール）では、男の子が生まれると、とても喜ばれるんです。だから、下の子（娘）が生まれた時は、家族が何て思うかと。夫にも悪いと思ったこともあった。でも、（夫は）この子（下の娘）を可愛がってくれてるし、私もクラスで知ったことを伝えたんです。（沈黙）その時、（夫は）何も言わなかったけれど、最近は二人の子どものこと、とても可愛がってくれてるから。」

プルジャはパタン市郊外の村（レレー）で生まれ育ち、12歳の時に両親とともにA地区に移り住んできた。16歳で結婚した当初は、都会で育った夫とその家族とのギャップを感じてやまなかったという。長女を出産してからは、

さらに子どもの躾や教育をめぐり、辛い想いをしたという。

「私たちは同じ(サヒ)カーストです。だから、困ることはないと思っていた。でも、子育てしながら少しずつ、子どものために何でもしてあげようと思うのに、何もできないことが悲しかったんです。だから、今、上の子を学校に行かせてます。私は行けなかったから。私の家(実家)では、学校とか教育のこととかあまり関係ないし、話もしない。でも、夫の親戚に会うと、学校の話になり、何を話してるのかわからないことがあるんです。夫は5年生まで(通学していた)。兄弟も学校に行っていた。夫の家族はタクシー業をしています。今はね。だから、私とは違います。私は、クラス(識字プログラムのこと)だけだから。だから、今はクラスに参加してて、良かったと思うんです。私は、下の子どもがお腹にいたから、最後の方は行けなかった。修了証をもらう時も行けなかった。でも、参加してて良かったと思ってます。一人で外出できるようにもなったから。

この子(次女)が何をして欲しいのかはわからないけれど、私はネパール語の新聞を読むことができるようになった。英語も看板の字を読むこともできるんですよ(笑)。上の子の宿題を一緒にしたりしてね。子どものころは女の子は勉強できないって思ってたから、そういう文化だから。ネパールの(文化)。父と母は畑の仕事で忙しかったし……。

私は知らなかったけれど、両親が朝、早くに畑に行くから、食事を作って後から持って行ってあげた。でも、食事をする時は、他の人たちとは一緒じゃなかった。別々に、離れて食べなければいけなかったから、とても恥かしかった。ここ(パタン)に来てからは、そんなことはないけれど、あの時のことを覚えている。畑の中を歩きながら、違う方向に歩いて行かなければいけなかったから……。」

同じカーストとはいえ、夫の家族はカトマンドゥ市内を拠点にタクシー業を行っている。以前は水牛の販売業に従事していたが、今では財をなして仲間と仕事を始めたのだそうだ。ここ数十年ほどの間に、主にカトマンドゥを中心にタクシーの数が急増しており、観光客の増加とともにその需要が高まりつつあ

第5章　学習者の生活世界への接近

る。最近では、動かないメーターをつけた廃車寸前の車をタクシーとして走らせ、客引きをしようとする者も増えており、これまでのリキシャーやテンプー、相乗りバスに代わる都会の足となっている。

　プジャは親同士の話し合いにより、自分の結婚が決められたことには感謝しているという。子どもの頃は食べる物がなくて、ホテルや茶店で残った食べ物を分けてもらうこともあったようだ。それゆえ、今の生活状態には満足しているが、夫の親戚が集まると話題に上る教育や学校の話が、学校という空間に接することのなかった幼少期を思い起こさせ、話についていくことができない気まずさを募らせていたのである。今は、「自分はクラス（識字）だけ」しか教育経験はないが、読み書きを習得したために、新聞も読めるようになり、簡単な看板の英語の文字も理解できるようになったことを笑顔で話してくれた。そして、娘の宿題を教えてあげることができるようになったことが、プジャのこれまでの「立場性」に大きな変化を与えたものと感じられた。それは、彼女自身が、「女の子は学校に行けず、勉強はできない」ものと思い込んで過ごしてきたため、まさか、娘の宿題を一度も学校に行ったことのない自分が教えてあげることになるなど、これまでの人生においては考えられなかったことであるという。また、娘に手本をみせてあげることが喜びとなり、自身の励みになることも、クラスに参加して初めて気づいた感情であるという。

「ここ（A地区）では、皆、学校に行かせてるでしょう。ここでは、村みたいなことはないから、いいですよ。私は娘にはそんなに早く結婚する必要はないと思ってます。私の親はそのような考え方ではなかったけれど。子どもは2人でいいです。お金もかかりますから。これからは英語もやりたい。算数も。洋服づくりの仕事がしたいです。（UMNの）センターにも行きたいですよ。家にずっといてたら、何もわからないでしょ。子どもにも聞いてもわからないから。センターに行けば、他のこともたくさん教えてくれる。自分の知識が増えるでしょ。娘たちにも教育を受けさせて、私よりも上の人間になって欲しいんです。」

自分の生い立ちを振り返り、辛かった経験を子どもたちには味わわせたくないという想いが、母親という立場を通して強くなり、「もっと勉強したい」という意欲を生みだしていったものと受け止めることができる。結婚したことにより、生活のレベルは変化したが、これからは自分に不足していたものを取り戻していこうと動きはじめているのであった。

　プルジャの語りには、先に紹介したスンタリのように、女性たちが結集して社会に働きかけていくことの必要性を求めるような「外（＝社会）に向けられた変革」の態度はみられないが、「母親」という立場を通して、身近な存在である子どもたちや家族に対して、自らが学んで知り得た知見を伝えていこうとしているのであった。

　このように、女性を対象にした識字教育のねらいは、家庭や地域の中で女性が果たしている役割を通じて学習内容が伝授されていくように、二次的な伝達効果が期待されている（モーザ，1996）。プルジャの場合は、学習期間中はさほど興味、関心が高まらず、戸惑いがみられたものの、出産、育児という自身の経験を通じて、自分がしなければならないことを見出していったのである。

　識字教育において、出産や育児にまつわる知識や情報の習得が必要であると述べると、性役割の遂行を促進させることに他ならないとされ、ジェンダーの視点から女性の開発に結びつかないとする意見もある。しかし、プルジャの例においては、参加した識字クラスの内容にその意義を摑み取ったのであり、指導者が述べる内容に自らの状況を投影させ、問題意識や疑問を抱くに至ったと考える。つまり、学習する当事者がその意味を理解しなければ、クラスにはただ参加しただけにすぎない。それゆえ、プルジャの事例においては、性役割を増幅させる学習の例として捉えるのではなく、問題意識を自己発見するプロセスとして捉えたい。

第5章　学習者の生活世界への接近

第7節　高位カースト層の女性の事例

7.1　恵まれた人間関係の中で

　次に、調査対象者の約3割を占める高位カースト層の女性たちの事例をみていこう。高位カースト層の女性たちにおいても、プログラムに参加することは偶発的なきっかけを経てであり、当初は消極的であったという。

　以下に紹介するスルジャという女性は、他の参加者と同様に、幼少期は家庭が貧しく、両親とともに働かねばならない状態にあったため、学校教育を受けることはできなかったという。

「毎日、食べるものがいつなくなるのか、わからない状態だった。母はいつも自分が作ったミチャ（小さな布袋）やブラウスなどを持っていって、お金に換えてきた。いくらかはわからないけれど、たぶん、そんなに（高額に）はならなかったと思う。私は10歳の時から父の仕事（石仏造り）を手伝ってきた。（父は）病気だったから、そんなに仕事をすることができなかった。朝、起きて少しだけ仕事をしていたとは思うけれど、それ以外は寝ていたと思う。薬を買いたくてもお金が高いので、母は困っていた。近所の人が野菜とか食べ物を分けてくれていたことをよく覚えています。私に服を譲ってくれたりもした。子どもの時は、そういうのがうれしかった。（中略）ああ、思い出した。その人の娘さんが、私やミナに勉強を教えてくれたんですよ。先生（教えてくれていた女性）は今、銀行に勤めていると思います。先生の夫は大学の先生です。今でも、あの（識字学習）時のように、（読み書きを教えてくれていた娘さんのことを）先生って呼んでいます。たまに顔を合わすと、元気にしているのかと家族のことを聞いてくれますよ。」

（フィールドノーツ：1997年8月20日）

　彼女の住まいは、かつて栄えた古都を想起させる風情のある大きな広場に面している。日当たりが良く、その外観は朝日が差し掛かると一層、美しさを増

してくる。スルジャの家は、その広場を囲む一角にあり、2階にある彼女の部屋からは広場を一望できるという格好の場所でもある。しかし、家の中は特別に家具があるわけではなく、仕事に用いるための道具や写真が置いてあるだけで、意外に簡素なものであった。スジャの仕事は、石を削り、仏の姿に彫刻を施していく石仏の彫刻造りの職人である。父親からその技術を伝授され、今では外国からも受注の依頼を受けるなど、その世界では名が知られているそうだ。「昨年のコンペ（石仏の展示会）では、表彰されたんですよ」と言いながら、展示会の写真を見せてくれた。

　スルジャは、「バジュラチャリヤ」という高位カーストに属しており、ネワールの仏教徒の最高位に位置する司祭カーストである。伝統的な生業としては、儀式や祭事がある場合は儀礼的な役目を果たす立場にある。一般に、ブラーマンやバジュラチャリヤといった司祭カーストは経済的にも裕福であると想定されがちであるが、彼らにおいても他の多くの人々と同様に農業により生計を立てている者が多く、必ずしも社会的な枠組みと経済的な枠組みは一致してはいない。

　ところで、スルジャたちの識字クラスの指導者であったシシマという名の女性は、近所に暮らす間柄であり、参加者の生活面においても細かく注意を払ってくれていたようである。単なる「指導者―学習者」という関係だけではなく、強い信頼感からなる絆を感じずにはいられなかった。また、仕事にも活かせるようにと、参加者に関連するような内容に合わせて事例提供がなされていたようであった。以下は、スルジャと同じクラスで学んだ女性ガンガの例である。

「私の仕事は洋裁なんです。ですから、服を作る際に図面を書かないといけないんです。先生にその話をすると、"じゃあ、どんなことが自分にとって必要なのか、考えてみて"。何があれば便利かと聞かれました。でも、すぐに答えることができなかったので、仕事の時に使っている洋裁の道具を持ってきて、説明しました。覚えていることは、袖や脇の図面を書く際、型紙が旨く書けずに困ると言ったと

思います。メジャーを使って、丈を測る時に数字を足していくことも難しいと言ったと思います。先生は、"では、ここでやってみたら"と言って、そこで（学習の場で図面を）書くことになったんです。仕事場でのみ図面を書いていたので恥かしかったけれど、おかげで他の人（他の学習者）も（図面を）書けるようになったみたいです（笑）。」 　　　　　　（フィールドノーツ：1997年10月2日）

　学習者が日常的に関わっている事柄を採り入れることにより、効果的に学習を進めていくことができるという一例であろう。識字教育を実施していたUMNから配付されたテキスト『ナヤ・ゴレト』に記載されている事柄は、農村地域を舞台にしたものであり、A地区のような都市部においては、時に自分を取り巻く生活世界と乖離していることが多く、「興味が持てない」という声も多かった。女性はそれぞれに仕事や家事、育児と生活の現場に密接に関わっているため、各人の背景を考慮した学習内容であることが望ましいと考えられる。ただ、シシマのように学習者の背景を個々人に合わせて考慮し、生活面においても気配りをすることができる指導者は、実際には限られている。彼女はスルジャやガンガの近隣に暮らす者として、幼少期の生活状況も熟知している顔見知り的な存在である。また、家族ぐるみで親しい関係にあったことも、他のクラスの例とは異なり、有利に働いたのではないかと考えられる。

――識字クラス開設の背景

　筆者は、このグループの指導にあたっていたシシマという女性に会い、彼女が採り入れていた指導についてインタビューを求めることにした。他にも学習の際に採り入れたアイディアがあるのではないかと思ったからである。しかし、その回答は予想外のものであった。それは、シシマは、自分の考えに基づいて識字の教材（『ナヤ・ゴレト』）の使用を取り止め、参加者にとって日常的な題材を事例に学習活動を行ったが、後でUMNのスタッフから「テキストを使用していない」との注意を受けることとなり、非常に不快な思いをしたという。また、「（スルジャたちが）バジュラチャリアだから（指導を）引き受けた

だけ」と述べ、広くその他の女性の指導にあたろうとは考えていなかったという。そして、請け負った期間が終了してからは、プログラムに携わることを止めてしまったそうだ。

UMNの責任者によれば、「(注意したのは) 指導者間における統一性を重視したため」ということであったが、参加者の反応が良かっただけに、残念なことであると思われた。

実際のところ、A地区内で実施される識字プログラムの対象者は、基本的にはカドギ(カサイ、サヒ)の女性たちが念頭に置かれており、そこに他のカーストの女性たちの参加を認めたのは、シシマから個別に要請を受けたものであり、例外であったそうだ。そして、スルジャの「今度、プログラムに参加する」という発言を聞いた友人が、別のカースト(トゥラダールやマハラジャン)の友人も一緒に連れてきたため、予定外にクラスを増やさなければならなくなったという。

このような経緯から考えられることは、シシマはサキャ(Sakya)というバジュラチャリアと同じ仏教徒のカーストであり、彼女の「バジュラチャリアだから(指導を)引き受けただけ」という発言にもみられるように、互いにどのカーストに属するのかを意識しながら、日々の人間関係が築かれていることがわかる。また、シシマとスルジャの会話の中には、「先日、叔父がルンビニ(釈迦の誕生の地)に行かないかと誘ってきたけれど、皆で行けたらいいけど……」という仏教徒としての話題が興味、関心とともに成立していることも感じられた。それゆえ、仮に経済的資源に乏しくとも、ネワールの最高位にランク付けされるバジュラチャリア・カーストであることは、社会的には周囲の人々から「配慮される存在」であることがわかる。

7.2 識字クラスへの関わり方および周囲の反応

では、識字クラスに参加した女性たちを取り巻く人々の反応は、どのようなものであったのだろうか。彼女たちが識字クラスに参加することを奨励していたのであろうか。クラスに参加していた当時を振り返ってもらった。

筆者:「(クラスに参加することについて)ご家族の反応はいかがでしたか?」
スルジャ:「私の場合、喜んでくれました。母も一緒に行きたいと言い出し、途中から母も参加することになったんです。家に戻ってから、二人で覚えた字を書いたりして……。時々、新聞に書いてあることも、少しは読めるんですよ。だから、父に教えてあげるようにしてるんです。私が(父に)話をしていた時、姉の子どもが遊びに来たので、その子に聞きながら説明したこともありました。(沈黙)とにかく、気分がいいでしょ? (笑)自分が教えてあげるのですから。」

(フィールドノーツ:1998年3月16日)

ガンガ:「私の母も喜んでくれましたよ。家族もあまり読み書きができないので、頑張れと応援してくれました。(中略)仕事も協力して手伝ってくれました。私ができない時は代わってくれたりしました。とにかく、姉も喜んでくれたし、家族が協力してくれたので……。他の人よりも恵まれていたのかもしれません。○○さんは、仕事を抜けることを良く思われないと嫌がっていましたから。」

(フィールドノーツ:1998年3月16日)

その他、近隣に住む親戚から識字クラスに参加するように打診された女性もおり、仕事場においても参加の了解を得られ、仲間から応援してもらうなど、学習全般において協力体制があったということが理解できる。彼女たちの語りを聞いていると、確かに幼少期の生活は厳しい状態にあったが、近隣に暮らす人々や仲間からの手厚い支援にも恵まれており、人的な交流は良好なものであったと推測される。また、クラスへ参加することにあたっての障壁は、さほど感じられないものと判断したい。

7.3 識字クラス終了後の変化

識字クラスは半年間の基礎コースの後、3か月間のポスト・リテラシーとして継続学習が行われている。女性たちは、ポスト・リテラシーとして簡単な読み物の小冊子をグループで輪読したり、ビデオを鑑賞し問題点を話し合うなど

の時間を過ごしてきた。学習を始めてから通算9か月の間、共に学んできたメンバーは、学習開始当時に比べて親しくなり、結束力が高まったという。そして、プログラムが終了してからも良き仲間として付き合っているという。仕事や育児の合間を縫うようにして学習に取り組んできた9か月という期間は、「長いようにも感じられたが、過ぎてしまえばあっという間の出来事」であったという。彼女たちに学習期間を振り返り、自分の中で変化したと思われる点を聞いてみた。

スルジャ：「仕事が増えたことでしょうか。以前も忙しかったのですが、もっと忙しくなったように思えます。一人ではこなせないので、人を雇って仕事するようになりました。注文が増えてきたので、それぞれに対応していると、とても忙しいんです。伝票は私が書きます。書けるようになったので（笑）、書くようにしてます。」　　　　　　　　　　　　　　　（フィールドノーツ：2000年3月6日）

ガンガ：「私が仕事（手工芸品）を教えてるんです。今までは教えてもらうことが多かったけれど、今は指導者になりました。"どうしたら、そんなふうになれるのか"と聞かれたこともありました。クラスで教わったように、ネパール語を教えてあげたりもします。（中略）説明したり、教えてあげることが好きになってきたというか、以前は、あまり話したくないと思うことの方が多かったので……。一緒に仕事をしてる人からは、"明るくなった"とか、"（話し）声が大きくなった"とか言われます。あまり、気がつかなかったけれど、皆の前で話をする機会が多くなったのかも。子どもに教わることが多くなったかな。学校に行っている（姉の）子どもがいるので、一緒に宿題をしたりする時、教えてあげることができるようになりました。難しいことはわからないけれど（笑）。前は、何か（宿題や勉強のことを）聞かれたら、聞こえないふりをしたりしてた（笑）。何回も同じことを聞かれるので、わからないというのが、少し恥かしかったし、子どもに（字が）書けないと思われるのが嫌だったし。上の子どもは（字が書けないことを）知ってるから、私には聞いてこない。最近、ようやく一緒に新聞を読み始めまし

た。教えてもらっているけれど、少しは読めるから気分がいいでしょ?」

(フィールドノーツ:2000年3月12日)

この他、「外出する頻度が多くなった」「一人でバスに乗れるようになった」「新聞に目を通すようになった」とする声が多かった。また、「性格が明るくなった」という指摘を受けたり、仕事の受注が増えて忙しいといううれしい悲鳴もあり、プログラムに参加したことが契機となり、これまでの生活の流れが自己の内面的な変化に加え、好転していったとものと捉えることができる。

——自分の本当の姿へ

しかし、インタビューを重ねていく中で、学習後にすぐに自分を取り巻く状況が改善されていったわけではないことが明らかになってきた。例えば、スジャは周囲には識字クラスに参加していたことを内緒にしていたという。特に、子どもの頃から貧しい生活状態であったことをとても卑下しており、友だちの家に遊びに行っても、自分の家に招待することは避けてきたそうだ。また、周囲の人たちから、「この子は口数の少ない子だ」と言われていたことを払拭したい想いがあったこともわかった。

「私の家は、広場の前で目立つ所にあるから、友だちはいつも中に入ろうとした。もっと、綺麗な部屋だったら友だちを招いて遊ぶこともできたと思う。でも、(仕事に使用する)石ばかり並んでいる部屋に来てもらうのが、とても恥ずかしかった。友だちは何人かいたけれど、ネパール語で話しはじめると、お腹が痛くなることが多かった。学校に行っている友だちは覚えた字を地面に書いて遊んだりするから、楽しくなかった。だから、友だちは私があまりしゃべらないおとなしい子だと思っていたと思う。(中略)この前、(石仏づくりの)コンペで表彰された写真が新聞に載ったことを見た人がいて、すごく驚いてた。きっと、あの子が表彰されるなんてって思ったんでしょうね。(識字)クラスが終わってから、作品を仕上げたんです。時間がなくて忙しかったけれど、友だちの後ろに付いて歩いて

ばかりは嫌だと思い、頑張ったんです。自分でも驚くぐらい、ずっと石の前に座って仕事をしました。だから、表彰された時は本当にうれしかった。私もできるんだって思いました。皆に早く伝えたくて、（友だちの家に）走って行きました。友だちは、私がすごく早口でしゃべるので、他の人みたいだと笑ってました（笑）。私は、本当は人と話がしたかったんだと思いました。」

(フィールドノーツ：1998年3月16日)

　人前で話をすることを極力避けてきたというスルジャが、自分を変えたいという想いから仕事に打ち込み、成果が実った時のうれしさは格別なものであったようだ。学習に参加するまでのスルジャは、「あまりしゃべらないおとなしい子」として振る舞ってきたのである。しかし、「本当は人と話がしたかったんだ」という語りは、自分の心の中に潜む想いを素直に表現することへのためらいを解消する契機をつかんだことを示している。

――迷いと葛藤の中で
　最後に、識字クラス終了後の変化のもうひとつの事例として、調査の期間、筆者と常に親しく話を重ねてきたミラとデビの例を紹介する。
　ミラとデビは調査当時、ともに20代前半であり、それぞれ、タムラカールとトゥラダールというカーストに属している。ミラは家業の銅製品の販売を手伝い、デビは近隣のブングマティ村出身であり、A地区内のグルン宅に住み込みのメイドとして働いていた。二人とも独身であり、話題はもっぱら流行りの映画やテレビタレント、またはお化粧やファッションなどが中心であり、その会話は、どこにでもいる20代の女性の姿を反映しているように思われた。
　都市部に暮らす若者の最大の娯楽は映画であり、そのほとんどがインド映画である。新作が公開されると映画館前には長蛇の列ができるほど人々が殺到する。彼女たちも互いに休みの日を確認し合い、映画鑑賞の日取りを決めていることも多かった。また、映画に限らず、テレビ、ラジオ、音楽、雑誌など、マスメディアはインド経由で流入されてくるものが大半である。民主化以降

第5章　学習者の生活世界への接近

(1990年)、テレビ、ラジオのニュース番組の一部にネワール語による放送がなされるようになった。しかし、若者の関心ごとは母語による放送よりも流行を追いかけることが優先であり、ヒンディー語のテレビドラマや映画を食い入るように見入っている姿が散見された。

　デビの実家にはテレビがないため、住み込み先の子どもが学校に行った後や、仕事の合間を縫ってテレビ番組を観ているようである。ミラとは識字クラスに参加するまでは面識がなく、クラスを通じて親友となったそうだ。ミラもデビも小学校1年生まで就学した経験があるが、二人とも家庭の事情により中退を余儀なくされたという。デビは住み込み先の父親に可愛がられているようで、識字クラスにも行くように勧められたそうだ。

「(識字)クラスには家(住み込み先)のお父さんが行きなさいって言われたから。娘さんはよく勉強していると思う。今、日本に留学しているわよ。今の家は村と違って綺麗だし、よく面倒をみてもらっている。でも、お母さん(住み込み先の母)のようにはなりたくない。子どもが外で何をしているか知らないから。息子さんが夜中に遊んで帰ってきて、ドアを壊して入ってきても何も知らないんだから。」
　　　　　　　　　　　　　　　(フィールドノーツ：1998年10月12日)

　デビの住み込み先は、カトマンドゥ市内で自動車販売業を経営しており、かなりの経済的成功を収めているようである。デビの実家は、農業に従事しているが、父親が体を壊して仕事ができないことから貧窮化し、彼女が働き手としてA地区にやって来たそうだ。メイドの仕事は人を介して紹介してもらったそうだが、子どもの面倒を一切みようとしない住み込み先の母親の態度がデビ実母と対照的であり、時々、「母親なんだから、高校生(息子さん)でも注意をするべきだ」と、息子さんの対応をめぐって口論になるそうだ。ミラにも毎日の生活の中での出来事を伝えており、悩みを打ち明けていた。また、二人はお互いに将来について話し合っていることもあった。

「私はここの仕事を終えて、村に帰りたいんです。仕事は畑しか（農業しか）ないと思うけど。妹たちにもクラスで習ったことを教えてあげたいです。村の友人たちにもね。ミラはたぶん、看護婦になりたいのだと思う。この前、そう言っていた。今、センター（UMN）の女性が飲料水の作り方とか、病気の時の治療方法について教えてるでしょう？　たぶん、ミラもそういう仕事がしたいんだと思う。私はここを早く出て、村で教えたいんです。約束（仕事の契約）の期間まではここにいないといけないけれど、私は自分のやりたいことをしたい。子どもの時から家の手伝いばかりだったから。母のようにはなりなたくないから。」

(フィールドノーツ：1998年10月14日)

この時のデビの発言は、2年後に筆者が再び訪ねた時には実現されており、彼女は、故郷のブングマティ村の実家の近くで、近隣に住む女性や子どもを集めて識字クラスを行っていた。関心することに、テキストまで自分たちで作成しようと盛り上がり、何を学習の課題とするべきか、討論している姿が見られた。「テキストは私たちに必要なものでなければ駄目だと思う。前に（識字クラスで）習ったこともいいけれど、この村に住む私たちが知りたいことが（テキストに）書いてないとね」（フィールドノーツ：2000年3月17日）と、早口で述べ、村の女性たちと、お茶に入れて飲むレモングラスの葉や飲料水の作り方など、わかりやすく図解で説明するための絵を描いていた。デビは勝気な性格であり、仲間の間でも率先して会話を進めていくタイプであるが、ミラは正反対であり、おとなしく、小声で小さく微笑む姿が印象に残っている。その彼女も、今では以前にデビが言っていたように、看護師としてA地区内のヘルス・ポスト（医療診療所）で働くようになり、彼女を知っている人たちは皆、驚いていた。ミラは筆者の再訪に次のように答えてくれている。

「本当に、このような（看護師）仕事に就けるとは、想像していなかった。父や兄たちも驚いてます。私もだけど（笑）。向かいに住んでいる叔母が頼んでくれたんです。昔、センター（UMN）のスタッフだった人も看護師になっている人がいま

す。あの時（識字クラス）に習ったことが、今も役に立っていて、傷口を消毒す
　　るとか、カルテを書きながら思い出すことが多いです。前は、怪我したら、（傷口
　　に）綺麗な泥を塗っていたんですよ。血を止めるために。それは（今では）絶対
　　してはいけないことですけどね（笑）。でも、自分のやりたい仕事に就けて本当に
　　うれしいです。父は、（私が）小さい時から、女の子は誰かの世話になって生きて
　　いかなければならないと言っていました。家事をしていればいいのだからと言わ
　　れつづけてきました。自分のしたい仕事なんて、できないと思ってました。兄た
　　ちを見ていると、家の仕事（銅製のポットや鍋づくり）を手伝っているので、自
　　分の仕事があるでしょう？　私には何もなかった。だから、今はまだ（看護師
　　の）見習いだけど、とてもうれしいんです。私たちは（自分とデヴァキ）自分の
　　やりたい仕事を見つけることができたと思います。父はいつも早く結婚しないと
　　いけないと言うけれど、それよりも良かったと思っています。」

（フィールドノーツ：2000年3月7日）

　看護師の見習いとしてヘルス・ポストで働くことが可能になったミラや、実家のある村に戻り、村の女性たちに自分が習った読み書きを教えているデヴァキの事例は、これまで、「女だから、誰かの世話になって生きていかなければならない」「家事手伝いが中心の生活」を強いられてきた現実から、一歩踏み出した姿として受け止められる。また、彼女たちが自分の望みを実現できたのは、仕事を紹介してくれたり、新たな行動に賛同し、後押ししてくれる人々が周囲にいたことが、その一助となったことは否めないであろう。

　女性たちの語りに注目していく中で、筆者は、皆、「何かをしたい」という想いを抱いていたことに気づいた。それは、彼女たちの生きる社会では、女児としてこの世に誕生した時から男児よりも劣位に置かれ、学校に行くことよりも家事手伝いという奉仕を求められ、また、結婚してもその役割に強く規定された「立場性」は変わらないのである。

　一昔前であれば、女性たちがこのように自分の置かれている状況を疑問視することは許されてこなかったと考えられる。しかし、90年代に入り、テレビ

番組の中で女性の政治活動家により、人権として、女性の権利をめぐる討論が放映されたり、また、筆者がネパールを訪問している最中にも、「国際女性デー（International Women's Day）」（2000年3月7日）を祝う集いが開かれ、カトマンドゥ市内を女性の人権団体が他のNGOと合同でデモ行進をしている場面に出くわすこともあった。参考までに述べるが、2000年3月7日付の『カトマンドゥ・ポスト』紙では、「現代社会における女性の役割」と題し、子どもの成長過程を取り巻くあらゆる側面は、男性、女性も含めて、父子主義に支配された社会構造により形作られていることを痛烈に批判する記事を大きく掲載している。世論の動きは確実に国際社会の開発戦略の影響を受けながら、ジェンダーに対する理解やその是正に向けた方向に進みはじめている。

　ミラやデビたちの世代においては、新しく導入されてくる価値観を国内の世論の動きとともに敏感に摂取し、自分たちが家庭内で教え込まれていた価値観との葛藤を抱きながら、母親や年配の女性たちとは違う生き方を求め、「自分のやりたいこと」を探して模索しているといえよう。

第8節　考察

　本章では、パタン市A地区において実施された識字プログラムに参加した女性たちがどのようにその学習活動を意味づけてきたのかについて、1）日常的に障壁とされる「カースト」という文化的、社会的、政治的概念は、どのように捉えられてきているのか、2）識字クラスにどのように関わってきたのか、3）識字クラスに参加したことでどのような変化がみられたのか、3つの項目を中心に、彼女たちの現実解釈に着目してきた。ここで、全体を振り返り考察する。

8.1　受け止められ方に相違があること

　女性たちは、自身のカースト的地位に関係なく、識字クラスに参加する以前は、読み書きができないことから劣等感を抱いており、単独で行動することを

避け、人前には出て行かないという消極的な態度をとっていたなど、意識的な側面を中心にいくつかの共通点がみられた。しかし、インタビューを重ねていく中で、カースト的地位の違いにより、本人をはじめ、その家族の反応など、学習活動そのものに対する受け止め方に、大きく差異がみられることが明らかになった（表5.4参照）。特に、高位カースト層の場合は家族を含む周囲の人たちの奨励や理解が得られたが、低位カースト層の場合は、身近な存在である家族をはじめ、仕事に関する人間関係においても、クラスに参加することにより、かえってトラブルの発生原因となり、「最後まで、反対されていた」「無視されていた」という発言が何度となく聞かれたのである。

表5.4：識字クラスに対する反応、及び終了後の姿

	周囲の反応・環境	プログラム終了後の姿
高位カースト層 (26%)	・家族、職場や仕事仲間の理解 ・学習することに好意的 ・文字文化の存在	・性格が明るくなった ・単独での行動範囲が拡大した ・仕事の増加、および就職の実現化 ・指導的な立場になった
低位カースト層 (74%)	・家族の理解、興味の無さ ・学習することへの無関心、反発 ・新聞を読まない（買ったことがない）	・看板の文字が読めた ・子どもに教えることができた ・仕事がない ・大きな変化は見当たらない

　これらの傾向は、おそらく「教育を受けること」への反感や反発、もしくは無理解から生じる感情が伴われているものと判断される。その理由として、ネパールにおいて社会的に後進グループ（Social Backward Group）の人々（＝低位カースト層の人々）の識字率が約2%とあるように、それ以外の人々（低位カースト層以外の人々）と比べて教育達成がかなり遅れていること（Jana Utthan Pratithan, 2001）や、日常生活において学校教育をはじめとする紙と鉛筆を握る学習の機会が、馴染みの薄い行為であることに起因するものと考えられる。
　また、家族全員が非識字状態である場合、学習する者が女性であり、家庭内で嫁という立場となれば、ヒンドゥー教に基づく男子を尊重する慣習に加え、

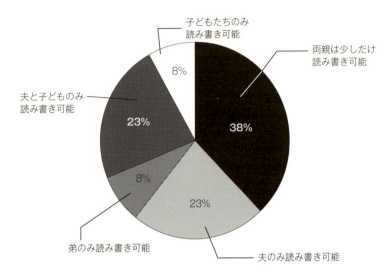

図5.3：高位カースト層の女性たちの家族の教育状況

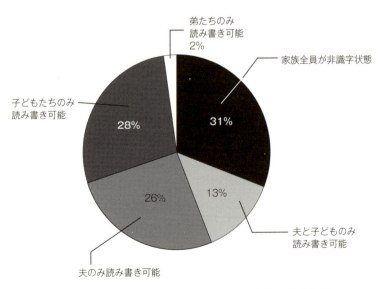

図5.4：低位カースト層の女性たちの家族の教育状況

第5章　学習者の生活世界への接近

義理の親子関係も重なり、さらに周辺化された立場となる。それゆえ、「無視される」「殴られる」といった冷遇を生み出す結果となるのであろう。

しかし、家庭の中で女性の地位が低いとされることは、低位カーストに限られたことではなく、ネパールの社会全体にみられる問題である。それにもかかわらず、低位層に集中してみられるということは、高位カースト層には「教育を受けること」に対する反感や反発は生じない、または、教育を推進していくことが可能な「教育的資源」が存在しているということと解釈できる。図5.3と図5.4にあるように、高位カースト層、低位カースト層それぞれの家族の教育状況をみれば、高位カースト層の家族は、家族全員が非識字状態にあるケースは見当たらない。少しでも読み書きが可能な者が家庭内に必ず存在している状況と、家族全員が読み書きができないという状況には、おのずと文字文化に対する差異が生じてくるものと考えられる。

8.2　異なる前提条件

調査を開始するに当たり、A地区の識字教育の実績数は国内で最多数であると聞いていたが、調査を重ねる中で、これまで複数のNGOや地域のグループが識字教育を行ってきているにもかかわらず、サヒ・カーストの人々を対象に識字クラスを実施してこなかったことも明らかになった。UMN側がA地区で識字教育を実施することを決めた最大の理由は、「地区の中でごみが燦爛しており、不衛生なエリアの改善のため」とし、その対象となるエリアがサヒ・カーストの居住区域であったようだ。

「不衛生なエリア」に居住しつづける女性たちにとっては、きっかけは偶発的であったとしても、「読み書きを学びませんか」とする勧誘は、その地域に暮らす者にとって初めて投げかけられた言葉であったのだ。「学習する」という行為自体に馴染みがないだけに抵抗や反発もみられたが、低位カースト層の女性たちが「実際にプログラムに参加できたこと」に強く意義を感じ、彼女たちにも初めて学習するための「機会の提供」がなされたものと考える。

UMNのスタッフの話では、「読み書きができない女性たちを集めて学習を

進めていくが、参加者の日常生活にどれだけ学んだことが活かされ、または浸透するかにより、その後の学習内容が維持される度合いに違いが生じる」と言う。また、学習内容が維持され得ない傾向は、低位カースト層に偏ってみられ、さらに、学習期間が終わると指導者との関係が途絶えてしまいがちになるということであった。

概して、低位カースト層の女性たちの生活世界には文字文化が存在しておらず、加えて、学習するという行為それ自体が非日常的であるため、日々の生活環境において書かれた書物を読み、ペンを握るという行為が繰り返されることがなければ、学習活動終了後に再びもとの非識字状態に舞い戻ることとなってしまうことは容易に想像できる。また、学んだことを仕事に使える者とそうでない者、家庭内で新聞や書籍などの文字による情報を摂取する機会がある場合とない場合との差も顕著に反映してくるものと考えられる。

UMN側は、「誰でも参加できるように、同一に識字教材、学習期間を設定してプログラムを実施している」と主張するが、参加する女性たちを取り巻く家族の理解、生活環境など、周囲の反応が異なるため、そのアウトプットの段階において著しく異なる結果が生じてしまう。識字クラスは、確かに「誰でも参加できるプログラム」に違いはないが、学習に参加しつづけ、学んだ内容を維持させていくには、低位カースト層においては困難を強いられることにより、学習に取り組むための前提条件が異なっているのである。

しかし、学習を推進していくための条件が整っていないという理由により、識字クラスは何ら意味をなさなかったわけではない。女性たちの話を聞いている中で、低位カーストの人々も自身が周辺化された存在であることを自覚しており、彼女らなりに日常生活から獲得された知識により、生きる術を体得してきていることが伝わってきた。

8.3　底辺社会の相克 〜変化の途上において〜

低位カースト層の女性たちは、識字クラスを開始するに当たり、念頭に置かれていた人々でもあった。その彼女たちの生活世界に変化を来たしている主な

第5章　学習者の生活世界への接近

事柄は次のとおりである。

第一に、高位カースト層だけが不浄カーストとの接触を忌避しているのではなく、下層に生きる人々においてもまた、さらなる下位の人々を忌避し、互いに共有できる空間を制限し合うとともに、たえず、個々の属性を意識しながら生活を送っているということである。互いにどのカーストに属するのかという属性により、生活圏が決定され、また、何よりも重視されているのである。

このような現状に興味深い示唆を与えてくれるものとして、関根（1995）による南インドのタミルナードゥ州の村におけるハリジャン（不浄カースト）の研究がある。「浄－不浄」という二項関係のモデルにより、ヒンドゥー社会がイデオロギー的に分け隔てられているとされるが、現実にハリジャンの悲惨を構成するものは、社会的に被差別の地位に押し込まれていることからくる「条件的な悲惨」ばかりではなく、彼らもまた、自分の隣のハリジャンには負けたくないという「位置の悲惨」に悩んでいるというものである（関根，1995）。本章で紹介したスンタリという名の女性の発言も、こうしたカーストにまつわる忌避の概念を、隣接するカースト間のせめぎあいの中で、克服していこうとするものである。また、カドギ（カサイ、サヒ）をはじめ、低位カースト層の人々がまとまりながら居住していることは先述したが、居住区域のみならず、その人的交流も非常に限られたものであった。

第二に、彼女たちは、「お金になる仕事」に就いているかいないかにより、他者との比較を行っていることである。毎日、食べていくことで精一杯な状況から抜け出すためには、「仕事をする」ことだけが救いであり、また、それが生き残るための日常的な実践なのである。しかし、その仕事をめぐる考え方も近代化の途上において変化してきており、「仕事ができるんだったら、ポデ（清掃人）と一緒でもかまわない」「（お金になるのであれば）何でもできる」という発言が聞かれたように、仕事の内容や社会的地位がどうであれ、高額の賃金が得られるかどうかの実利的な側面を重視する傾向が高まってきている。それは、彼女たちの現実を捉えた生きるための戦略とも言えよう。

第三に、下層社会における経済的実践による差異化が進んできていることで

153

ある。先述の、ネワールの最下層に位置づけられる清掃を生業とする、「ポデと一緒でもかまわない」という発言に関して、このポデの存在をめぐり、次のように述べている女性がいた。

「最近、カトマンドゥでは変わったと思うけど……、この前、選挙があったので、手伝いに行きました。行った先で食事をもらい、お皿を片づけようとしたら、ポデが"あんたたちは、やめてくれ"と大きな声で言うんです。娘たちは二度と行きたくないと言ってます。とても悲しかったです。（中略）一年前の話ですよ。この話は。お金があればなんでもできるのね。ポデは私たちよりも低位カーストだけど、仕事により儲けたらしくて。ホテルで働いているからね。今、大きな家に住んでいるらしい。お金があればね。みんな、仕事をすることができれば、お金持ちになれる。」　　　　　　　　　　（フィールドノーツ：2001年9月19日）

　ホテルに住み込みながら清掃業をこなし、経済的な資本を獲得したポデの人々の例は、新しい職を手に入れたことで経済的成功を収めた人の例を示している。
　カーストにより定められた社会的地位は、「運命論（fatalism）」（Bista, 1991）にあるように、この世に生まれ落ちた時から規定されたものであり、個人の意思で自由に操作できるものではないことは誰もが認識している。しかし、下層と位置づけられた人々の志向は、絶えず上へ上へと向いており、「変えることができない」とされているシステムの中に変更可能な箇所を見出すのである。現在のところは、経済的な成功が上昇する手段となり、下層社会におけるさらなる差別化として機能してきている。特に都市部を中心に、従来からのカースト社会に質的な変化を生じさせる要因となっている。

8.4　調査対象となった女性たちを取り巻く意味空間の変容
　調査対象とした女性たちを取り巻く生活世界は、これまで述べてきたように急速な変化を余儀なくされてきている。農村地域とは異なり、A地区のような

第5章 学習者の生活世界への接近

　都市部の場合は、その変貌ぶりも目覚しく、これまでに例をみない新しい意味空間が形成されはじめてきていることが考えられる。A地区の人々の生活世界を考えるにおいて、人々は、新しく導入される近代的「知」をいち早く受け入れているが、それに対して既存の伝統的「知」を捨象しようとしているのではなく、古くから伝わるものを抱えたまま、新たに浸透してくるものとの折衝空間において生活が営まれているものと考える。そして、その折衝する間において、各人による解釈がなされ、各人の「立場性」を規定する意味空間が形成されているものと考える。

　女性たちが接する新しい意味空間とは、識字プログラムや公衆衛生の知識に触れるノンフォーマルな学びの機会をも契機に形成されはじめてきている。それらは、彼女たちにとっては、新たな価値観というカテゴリーに該当し、「近代社会」の成員としての必要条件として分配されるべき知識、スキルでもある。しかし、伝統的慣行や価値観により支配されている意味空間の中で、新しく導入されてくる「知」を一人の社会の構成員として受容することを奨励されても、実際に得られた知識やスキルを地域社会の中で実践していくには、ミラやデビのように、ある者には実現化を勧められるが、低位カースト層の女性たちの場合は現段階においては障壁となる要因が残存している。それは、地域社会の中での女性たちに向けられたまなざしや扱われ方、そして、労働を通しての地域社会の中での役割付与を中心にみられた。

　低位カースト層の女性たちにとっては、カースト社会に帰因する文化的、社会的、政治的障壁により、公共の場や他の人々との接近において、「忌避されている存在」であることを幼少期から経験してきている。忌避されつづけてきたことにより、カーストの違いによる居住地や職業などの生活全般にわたる条件が、「ダルマ（dharma）＝社会的規範」として成立していることを認めざるをえなくさせられてきていたのである。しかし、インタビューを重ねていく中で、スンタリやプルジャのように、「何も変わらない」「いい仕事がない」と、改善されない自分たちを取り巻く「条件の悲惨」に溜め息をつきながらも、「自分にできること」を模索しはじめていることが感じられた。インタビュー

を開始した当初は、「将来なんてないわ」と吐き捨てるように述べ、自分の将来に何ら展望を見出そうとしなかった女性たちの口から、「もっと、何でもできる社会になれば」「システムを変える必要がある」と発せられるようになり、彼女たちが従来からの定められた自分のダルマ観（スヴァダルマ）を問い直しはじめていることが伝わってきた。

その動きは、社会の変革に向けて動き出そうとする女性もいれば、自分の日常生活の中に問題を発見し、自己変革の契機となった女性もいる。女性たちの変革への歩みは、様々な葛藤を繰り返しながら、新たな意味体系の形成がなされてきているものと考察する。

8.5　「立場性」に変革を迫る識字教育

インタビューと参与観察を中心に1997年から継続的に調査を重ねてきた結果、女性たちの心境の変化に触れることができた。ブラジルの教育学者フレイレが学習者に求めた「意識化」の過程のように、読み書きを通じて自己の相対化を目指し、自身のそれまでの考え方や思い込みなどの変革を目指す動きが想起された。具体的に本章で取り上げることができた事例はわずかではあるが、彼女たちは、日常的実践の過程で自問自答を繰り返し、自己と向き合うことで、進むべき方向を摑んできているものと考えられる。そして、自分の興味や関心に対して個々の意見を主張しはじめ、その動きが確実に強固なものとなってきていることが把握された。

しかし、A地区周辺の地域住民などが示す見解には、プログラムの実施団体であるUMN関係者との相違がみられ、参加した女性たちすべての社会参加の促進を積極的に図ることは実現できていない。プログラムは、社会的な体制にまで踏み込み、カーストの縛りに対して個人の解放を差し迫るほどの力を持つものとして位置づけるには無理がある。つまり、「立場性」の変革という交差点に立たされた女性たちが向かうゆくえは、低位カースト層の女性たちにおいては、彼女たちを取り巻く人々や地域社会に根付く従来からのダルマ観により閉ざされたままとなっている。その意味においては、社会参加を呼びかけたは

第5章　学習者の生活世界への接近

ずの識字クラスは、制約付きのプログラムであったのかもしれない。

　また、本章で紹介した女性たちのようなケースをもとに、しばしば、「識字は女性のエンパワメントである」と評されていることが散見される。筆者はこの「エンパワメント」の意味を、単に新たな知識やスキルを獲得するという意味で力をつけることと捉えるのではなく、「エンパワメント（＝力をつけること）」に至る変化のプロセスにその具体性を求めたい。それは、学習後に「どれだけの文字の読み書きができるようになったのか」というような学習開始以前との変化を量的な側面においてのみ捉える実証的見地からの評価ではなく、仮に、プログラム修了後の読み書き能力が、教育省の定める識字者の定義を満たさなくとも、女性たちの能動的な変化のプロセスを評価したいと考える。

　調査の過程において明らかとなったもう一つの点は、社会の底辺に生きる女性たちのたくましさである。出身カーストが低く、かつ女性であるということで複合的な差別を受け、ネパール社会においては二重に周辺化された存在である。彼女たちを取り巻く社会構造は、行動や生き方すべてを制限し、仮に経済的実践により社会的資源や教育的資源の獲得に成功したとしても、彼女たちが社会の奔流に組み入れられることを認めない暗黙の障壁が残存している。

　しかし、彼女たちは、ただ、黙ってこの障壁を見つめているのではない。一般的に低位カースト女性の像は、「人間としての尊厳を奪われた南アジアの貧しい女性たち」として描かれることが多い。しかしながら、今日においては、低位カースト層の人々も「平等」や「権利」を追求し、自らアウトカースト（ダリット）であると名乗る女性たちが結集して自らの立場を改善するための運動を展開してきている。例えば、ダリット女性協会（Feminist Dalit Organization）では、ダリットの女性たちを中心に、女性の権利、および人間としての権利を獲得していくための活動が行われている。また、その他の国内外の人権擁護団体やNGOと連携を取りながら、低位カーストに向けられるカーストに基づく差別の撤廃を目指す動きが高まってきている。従来、「声なき人々」として社会の底辺に排除され続けてきた人々が、自らの権利を求めて動き出しているのである。「これまでのように社会の被抑圧者として国際社会か

ら援助を受けるだけの存在ではなく、逆に彼女たちの行動が国際社会を突き動かし始めてきているのである」(竹中, 2002)。

　本調査の分析の手がかりとなった女性たちの語りは決して一様ではないが、彼女たちの発言は、政治的、経済的、社会的レベルにおいて複合的に経験される出来事を通して語られているということを見逃してはならない。識字クラスに参加した経験が、「これまでとは違う自分」を強く意識しはじめることとなり、幼少期から培われてきた「立場性」に変革を迫る契機となっている。変革への歩みは遅々とした動きではあるものの、女性たち各人の日常的実践の中で、「不断の交渉」として繰り返されているものと考える。

第6章

女性、識字と開発をめぐる事例研究
～グローバリゼーションの下での生涯学習～

●スクルを編む女性（筆者撮影）

グローバル化する社会情勢を背景に、各々の国や地域の固有性や多様性に注目する動きが活発化している。言うまでもないが、私たち人間は、年齢、職業、ジェンダー、エスニシティ、宗教、カースト、階層、学歴等のように、各々、多様に異なる背景を抱えながら日常生活を営んでいる。人間が織り成す社会は多様性に満ち溢れており、個々に異なる背景や非対称の関係に置かれている者同士が現実世界を構成しているという社会的事実があるにもかかわらず、各人各様の生活世界を一色に塗り替えてしまうかのごとく社会のグローバル化の勢いは加速している。とりわけ、経済のグローバル化により世界的規模の経済市場が成立したことで開発途上国においても急激な産業化、工業化が余儀なくされ、西欧近代社会が追求するグローバルな規格化、標準化が迫られている。しかし、千差万別に異なる人間の諸社会を見渡せば、そこには長期にわたり人々により共有され、育まれてきた価値やものの見方、考え方といったものが存在している。それは、近代の科学的知識や合理的に体系化された知とは性質が大きく異なるものであり、その国や地域、あるいは人々に代表される「知」として、今もなお、人々の生活世界の支柱となっている。社会のグローバル化によりいかに人々の生活世界が侵食されようとも、ローカルな文脈の中から育まれた「価値」や「知」をもとに人々が結集し、社会の中で新たな「主体性」を築く足がかりを見出している例は少なくはないはずである。人々の生涯にわたる学習とは、まさにこのローカルな文脈の中から培われてきた「知」を土台に実践することではなかったか。

　本章では、筆者が出会ったネパール女性たちの生活世界に基づいたささやかな学びの実践を手がかりに、グローバリゼーションの下での生涯学習の課題を明らかにしたい。まず、第1節では、幼少期に母親から教わったインフォーマルな教えをもとに、オリジナルな読み書きの学びを試みている女性たちの事例を紹介する。長期にわたり非識字状態に置かれていた女性たちが、識字プログラムへの参加を契機に自発的に文字の獲得を目指そうとしているのである。彼女らの取り組みは、昨今のグローバル化の下での学習課題を検討するにあたり、有効な手がかりになると考える。次に、第2節では、同じく識字プログラ

ムに参加した女性たちが、日常的実践の中でどのようにその学習経験を活かし、生活課題を乗り越えていこうとしているのかを考察する。そして、第3節では、近年のメディアを活用した社会開発政策の中で、コミュニティラジオ放送の活動に着目し、国内の豊かな地域性の中でローカルメディアの有意性を活かした識字学習の事例研究について検討する。

第1節　生活世界に基づいた学びの実践

　本節で事例とする女性たちが参加した識字教育プログラムは、首都カトマンドゥ近郊の街で1970年代から活動を続けているYUHEP（Yala Urban Health Education Programme）というNGOが主催するものである。YUHEPの活動目的は地域の公衆衛生の改善であり、衛生の概念を健康管理とリンクさせながら普及活動を行っている。識字教育はその一環として行われており、読み書きを通して出産や育児の情報も伝えられていた。YUHEPは、大学の学士レベルの学歴を持つT地区界隈に居住する女性をスタッフとして雇用しており、彼女たちは割り当てられた区域の住民を対象に、識字や公衆衛生の概念の普及、および住民の健康管理等をコーディネートする任務に取り組んでいた。基本的な読み書きの習得が目指されていた。ポスト・リテラシーの時間には、簡単な絵本や読本を教材にし、グループで輪読する機会が設けられ、読解力をつけていく練習の他、グループディスカッションの時間もあり話し合う中で学ぶことが重視されていた[1]。

1.1　読み書きの学びに参加した女性たちの「生活世界」
1.1.1　女性たちの背景
　彼女たちと初めて出会ったのは1997年の春であり、「ボックス・ライブラリー」と称する輪読会の場であったことを記憶している。10名ほどの女性が床に座り、ネパール語で書かれた識字読本を順に読んでいた。以来、筆者は、この輪読会で出会った女性たちにインタビューを重ねてきている。

彼女たちは、カトマンドゥ郊外のパタン市T地区（仮称）第6番地に居住していることから、YUHEPでは彼女たちのグループを「第6グループ」と名づけていた。第6グループの女性たちは、皆、ネワール（Newar）であり、チベット・ビルマ語系のネワール語を母語とするカトマンドゥ盆地の先住民族である(2)。インド・ヨーロッパ語系のネパール語を母語するネパーリー（Nepalease）とは異なり、独自のカースト体系を保持している。彼女たちは、ネワールの下位カーストである「カドギ（Khadgi）」と称するカーストの出自であった。カドギ・カーストはカサイ、サヒとしても知られており、主として食肉販売、水牛の屠畜業を生業としているが、今日ではすべての人々が出身カーストの生業のみに従事しているわけではない。第6グループの女性たちの場合は、路上での野菜売りに従事している者が多かった。しかし、T地区界隈の他のカーストからは、「バッチャー（butcher）」として蔑視されている存在にあった。

　彼女たちの1日は、起床後、近くのヒティ（地域の共有の水道）まで水汲みに行くことからはじまる。第6番地に居住している人々は自宅に水道がないため、ヒティは生活に欠かせない存在となっている。水汲み用の大きな壺を抱えて家に戻ると、チャー（ミルクティー）を作るためにお湯を沸かしはじめる。朝食は午前10時ごろにとるが、野菜の仕入れの日は、早朝に近くの村まで出向くことになる。その後、帰宅して朝食の準備にとりかかる。朝食後、家事を済ませた後に仕事に出向き、夕方暗くなるまで近くの広場で野菜を並べて座っていることになる。1日の稼ぎはおよそ50～70ルピー（70～100円）である。

　識字クラスにはそれぞれに家事、育児、仕事の合間を縫って参加していたようである。皆、既婚者であり、夫や義母の許可を得て参加していたが、最初は理解を得られなかったという。クラスに参加することよりも日銭を稼ぐことの方が求められていたからである。

1.1.2　変容する「生活世界」～グローバル化の過程で～

　ネパールはヒンドゥー教徒が約8割を占め、カースト制をもつ国である。カ

第6章 女性、識字と開発をめぐる事例研究

ースト社会では、この世に生れ落ちた時から「運命論」にも似た「ダルマ（規範）」が各々のカーストにより定められており、職業、居住地、人間関係、結婚等に大きく影響を及ぼしている（Bista, 1991）。しかし、この国においても多様に異なる諸社会との相互関係の中に組み込まれることで、これまで伝統的であるとみなされてきた事柄や考え方に変化が生じはじめている。

　特に、1990年を境に国の政治体制が民主主義に移行したことから、都市部と農村地域の経済的格差の拡大にはじまり、IT（情報技術）化や産業化の進展に伴うヒト（労働力）、モノ、カネ（資源）、情報等の世界的規模の移動や交信が増し、ここ数年における都市部の変貌ぶりには目を見張るものがある。

　社会的、文化的側面における顕著な変容点のみについて言及すれば、下位カースト層を中心に経済的成功を収める人々の姿が目立つことである。それにより、従来からの仕事の授受により成立していたカースト・ヒエラルキーに基づく「パトロン－クライアント関係」が揺らぎはじめてきている。つまり、現代版の共同体空間の編成が生じていることに、少なくとも高位カースト層の人々は危機感を募らせ、低位カースト層の人々にとっては、社会の変化は好機として映っているようである。カドギ・カーストの事例では、グローバル化の過程で以前よりも食肉を口にする人々が増えたことで、食肉販売業に伴う差別的慣行や観念がつきまとうにしても、利益を得ることを第一優先にした生業への回帰を自主的に選択する若者が増えていることである。それにより、カドギ・カースト間の生活水準の格差が生じ、若年層の男子を中心に高等教育への進学も増えてきていることが伝えられている（Gellner, 1995、石井, 2003）。

　「第6グループ」の女性たちを取り巻く環境にも変化が生じてきている。特に、識字プログラムへの参加を契機に、カドギ・カーストが置かれた状況とその他のカーストとの差異をより意識しはじめるようになったことを発言している。女性たちが置かれている生活世界の構造的な変容について分析するため、彼女たちが抱える生活課題、および、文字を獲得することによる「意識化」の様相に注目していくことにしよう。

1.2 生活課題としての読み書き
1.2.1 日常生活との関係性を求めて

「第6グループ」の女性たちは、参加した識字プログラムをどのように解釈しているのだろうか。グループで最年長のNの語りを中心にみていくことにしよう[3]。

「テキスト（識字教材）に書かれてあることは、私たちの生活とは違うでしょう？村に行けば、似ていることもあるけれど、ここ（T地区）ではね。（略）面白くないって、皆も言っていた。ここで暮らしている人には、ここでのことが書いてある方がいいでしょう？ ネパール語が書けるようになり一人で行動できるようになったけれど、これからは英語も勉強して、新しい仕事を見つけないといけないから（笑）。」 （フィールドノーツ：2001年9月15日）

政府が発行している教材の内容や挿絵は、ネパール国民の約8割が農業に従事していることから、農村地域に暮らす人々の生活風景を中心に描写したものである。しかし、都市部に暮らす人々にとっては、自分たちの日常生活を表したものとは捉えられず、着目すべき事柄が異なっているようである。「牛糞を燃料にするなんて、ここではしていないでしょう？ センター（YUHEPの事務所）では、牛の世話とかも教えてくれたけれど、村に行って牛の世話をしろってこと？（笑）」「田植えもここではしないしねえ」「数字の計算は役に立ったわ。英語で教えてくれたらもっと良かったのに」（フィールドノーツ：2001年9月17日）というように、N以外の女性たちも貧しくとも都会で生活している者としては、テキストに書かれてある内容と現在の自分たちの置かれた環境との差異が目につくようである。

また、ネパール語を習得するだけでは、都市では仕事が得られないことも理解しており、高収入を得ることができる観光業や貿易、近年では開発政策に関わるNGOといった外国と関連する仕事に就くには、「仕事のために（英語は）

第6章　女性、識字と開発をめぐる事例研究

不可欠である」と認識しているようである。観光客相手の商売により成功した下位カーストの存在をうらやむ姿も見られ、グローバル化に伴う英語の普遍性への意識は、都市部に暮らす人々にとっては必然的に高まってくるといえよう。

しかし、「第6グループ」の女性たちは、新たに英語を学ぶことよりも、むしろ母語であるネワールにより語られてきたインフォーマルな教えをもとに、オリジナルな学びを試みはじめていた。

1.2.2　インフォーマルな教えをもとに
〜「自分のプラクティス」を考えること〜

識字教材の内容と自分たちの生活世界とのギャップを感じたNは、グループの友人と話をするうちに、読み書きを学ぶ際には、自分たちの生活に則した視点が必要であるという認識に至ったという。そこで、幼い頃に母親や大人から言われてきた事柄や教えを文字に記すことを始めるに至ったという。たとえば、先のNは、母親の言葉を次のように述懐している。

「若い頃ですが、クルタ（インド風の丈の長いシャツとズボン）が着たくて母親にねだったことがありました。当時の私たちの家は今よりも貧しかったので、クルタ1着でも高価でした。（若い頃の）私の服装といえば、サリーは結婚してからですが、母親が作ってくれたシャツをずっと着ていました。着替えは1着だけ。それで、新しい服を欲しいと言った時、母から言われたことが、"自分のプラクティスを考えてみなさい"ということでした。自分のプラクティスとは、その時の私がすべきこと、カサイ・カーストの女として、すべきことを言ったのでしょうね。」

（フィールドノーツ：2005年2月23日）

母親から言われた「自分のプラクティス」とは、自分の置かれた環境や状況内でとるべき日常的経験則に基づいた行動、習慣的な身のふるまい等を意味している。「自分のプラクティスを考えてみなさい」という母からの言葉がずっ

と心に残っていたというNは、それが何であるのかを書き出していくことが識字の勉強にも役立つと考えるようになったという。そして、毎朝、チャー（お茶）を飲みながら朝食までの準備の間にその日にすべきことと考えられる事柄をネパール語で書き出していくことに取り組んでいるという。

　2005年2月にNの自宅を再訪した際、7冊目となったノートを見せてもらうことになった。ページごとに、カーム（仕事）、ダル、バート（豆とごはん）、チョラコキタブ（息子の本）、マス（肉）、バヒニコガルマ（妹の家）等、ネパール語で記述されてあり、「肉屋の妹の家に預けている息子に本を買ってあげたいから、仕事はごはんを食べるために必要である」と説明してくれた。

　Nが記していた項目は、女性、あるいは母親としてこなさなければならない役割であると考えられる。母親からの教えは、女性にとっての役割を次世代に伝授するものであり、ジェンダー規範による性役割の強化とも解釈できる。しかし、Nの取り組みは、単純に「女性としての役割を守ろう」というものではない。次の発言にみられるように、それは、ひとつの「手段」として試みられていることに気づく。

「新しい仕事を探さないと、ここでは何もできなくなるから。他の人たちと同じことをしていてもお金は稼げない。野菜だけでは難しいから。私たちにしかできない仕事を探さないといけない。」　　　（フィールドノーツ：2005年2月26日）

　彼女たちが野菜を販売している広場が、ここ最近、警察の警備が強化されたことにより、1日2時間しか販売を許可されなくなってきたため、他の仕事を探さなければならない状況が差し迫ってきているというのである。そのため、他の人々とは異なるオリジナリティを武器にした仕事を見出すために必要となる「自分のプラクティス」を再確認することが必要な作業であるのだ。Nが心に浮かんだ「プラクティス」の具体的内容をネパール語で記述していく取り組みは、グループ内の女性たちにも広まり、現在、ノートに記した内容をもとに共同作業ができそうな項目を選び出し、育児や仕事といった生活のために役立

てようと話し合いが行われていた。

1.3　まとめ

本節では過去に識字プログラムに参加した女性たちが、自発的にオリジナルな学習を試みている例を紹介してきた。ここでは、その独創的な学び（取り組み）について考察したい。

1.3.1　「生活世界」を守ることの意味

識字プログラムへの参加を通して、教材で述べられている内容と自分の生きる日常空間との相違に疑問を抱き、オリジナルな発想をもとに自発的な学びを試みているケースは、あまり多くはない。ネパールの事例に限れば、プログラムが終了後、新識字者（neo-literate）は、しばらくすると、再びもとの非識字状態に逆戻りしてしまう事例が後を立たないからである（Shrestha, 1993、Commings & Shrestha, 1995）。

興味深い点は、Nが子ども頃に母親から助言されたインフォーマルな「教え」を活かして、現在の自己の置かれた状況を問い直そうと試みていることである。そして、他の女性たちも教材に書かれている内容を自分自身の「生活世界」の文脈に置き換えて考えることの方が納得しやすいことに気づき、Nの発案に賛同していたのである。T地区第6番地に暮らす女性たちの「日常」が集約されて結束力を生み出し、他の地域や他のカーストに属する人々には相容れないであろう意味世界が構築されていく。それにより、単に文字を学ぶこと以上の相乗効果が生み出されていくのである。女性たちの行動は、「従来からのカースト的社会配置を自らを保護する殻として保つことで、グローバル化に対している」（石井, 2003, p.274）と考えられる。しかし、自らを保護する「殻」を、単純に定められた役割規範を遂行するために用いるのではなく、カサイ・カーストの女性としての役割を「記述」という行為を通して再認識し、そこから、オリジナリティを見出していこうと試みているのである。

社会のグローバル化により、従来の空間的、時間的に支配されていた市民的

共同体が解体され、編成を余儀なくされていく現状を意識すればするほど、各々の国民が抱えている文化的差異が明らかなものとなってくる。そして、人々の「ローカル性」への回帰が増せば、ナショナリズムやエスノセントリズムの台頭を招くことになる。しかし、「グローバル対ローカル」「近代的対伝統的」等のような二項対立的に捉えるのではなく、「文化により促されたローカルな行動が、どのようにしてグローバルな統合、結合をもたらすことになるのかを把握すること」(トムリンソン, 2000) がこれからの課題となってくるのではないか。したがって、Nをはじめとする女性たちのささやかな実践は、未だ明確には定まらず、漠然としてはいるものの、確実に「主体性」の獲得へと結びついていると考えられる。

1.3.2 グローバル化する社会情勢下における生涯学習の課題
　　～生活の中から培われた「知」の再確認～

　Nが発案した「自分のプラクティス」を重んじる読み書きの実践は、政府が作成する識字教材や、NGOや国際援助団体が導入する識字プログラム用の読本には決して見当たらない。それは、限られた範囲の人々だけが納得できるものであり、また、ランダムに記述しているだけであるため、直接的に識字率の上昇には結びつかないと評価されてしまうであろう。だが、彼女たちにとっては、国語であるネパール語を教材どおりに学ぶことよりも、自分たちの「生活世界」に基づいて学習を進めていくことの方が重要であり、意味があるのである。

　そもそも、識字教育政策は経済のグローバリゼーションの動きに連動しているわけではなく、人権や学習権として保障されねばならない問題である。そして、社会全体が文字化された近代社会と未だ近代化の途上にある社会とでは、識字者であるかないか、または、識字を必要とする意味合いや度合いも自ずと異なってくる。ゆえに、識字教育を展開する目的や学習内容、学習に参加する人々の社会的付置状況等は、その国や地域の社会的、文化的背景により多様に差異があるのである。しかしながら、グローバルな価値基準に基づく国際社会の開発戦略の下では、ある特定のタイプの識字率の向上が何よりも優先課題と

されてしまう。例えば、国連開発計画（UNDP）が提示する人間開発指数（HDI）やジェンダー開発指数（GDI）等の各種開発指数では、識字率が算出基準に組み込まれ、世界各国はすべて同じ基準で評価されてしまう。そこでは、人々がどのような社会状況の中で、どのような経緯を経て学習に取り組んできたのかといった数値化され得ない要素は、不可視のものと扱われてしまうことになる。

　しかし、少なくとも人々の生涯にわたる学習の課題は、その限りではないはずである。生涯学習とは、人間が自らの存在のために学び、模索するという「知」の探求活動ではなかっただろうか。人々が自身の生活体験の中で培ってきた「知」は、近代の体系化された合理的な知と比較し、評価するためにあるのではなく、むしろ、グローバルな社会に不可欠な「知」として、隠蔽されることなく実践され、展開されていかねばならないと考える。

　本節で紹介した「第6グループ」の女性たちの取り組みは、現在の置かれた立場を見つめ直すためのひとつのプロセスにすぎないのかもしれない。しかし、かつてフレイレやジェルピが展開したような自己の解放を目指す学習活動は、人々の生活圏外から設定されたグローバルな課題に応えるためにあったのではないことは明らかである。このことからも、生活の中から培われてきた「知」は、急激に変容を迫る今日の社会情勢下において、新たな学習課題を希求する際の先導役的役割を担うものになりうることを、私たちは再確認することになろう。

第2節　女性、識字と開発　〜ネパールの女性たちの活動の事例〜

　途上国における女性を対象にした開発政策の中で、識字教育は中核的に位置づけられるプログラムである。女性が文字を学ぶことは社会参加において不可欠なスキルとされ、同時に、主体性や自立心を育む学習活動として推進されている。

表6.1：国際社会の主な開発政策の動向とネパール国内の主な教育開発政策について

国際社会の動向	
開発政策論	識字政策論
近代化論 (1950年代～1960年代) 経済発展中心の発展説 人的資源論 (1960年代)	
	1967年：ユネスコ「実験的世界識字プログラム」(～1973年)
従属理論 (1970年代～) 中等、高等教育重視 WID（女性と開発）：貧困アプローチ	→ 機能的識字の概念 1975年：「識字のための国際シンポジウム」 　→ ペルセポリス宣言にて「人間解放に向けた識字」理念 　→ 機能的識字批判の提起 　→ 批判的識字論
反省期（～1980年代前半）	→ 男女の教育格差の拡大化への反省
人間開発主義 (1980年代後半～) 人間の開発重視へ (WIDからGADへ)	「多様な識字（multiple literacies）」の存在を強調する研究の展開 　→ 社会・文化的側面を重視するアプローチ 「ニューリテラシー・スタディーズ（New Literacy Studies）」
1990年代	国際識字年／EFA世界会議、EFA宣言 基礎初等教育の普及 男女の教育格差の是正 　→ ジェンダーの主流化（gender mainstreaming）へ
2000年代	ダカールEFA行動組み ミレニアム開発目標（MDGs）
2015年	接続可能な開発のための目標（SDGs）

第6章　女性、識字と開発をめぐる事例研究

ネパールの教育開発政策	
主な教育開発政策	ノンフォーマル教育プログラムの動向
1769年：ゴルカ王国成立 1846～1950年：ラナ宰相による専制政治 1951年：（ラナ体制の崩壊・第一次民主化） 　　　　国民の識字率約2％、小学校就学率約1％ 1953年：教育法の制定 1954年：教育計画委員会の設置 1956年：第1次国家計画 1960年：パンチャーヤット体制（政党を持たない地方自治行政執行形態） 1961年：国家教育委員会の設置	 1953年：USAIDの協力により、世界識字基金のF.ローバッハ博士を招聘 　→成人を対象にした識字プログラムの準備 1956年：成人教育プログラム開始 　→3か月を1サイクルとする識字プログラム 1960年代に入り、6か月を1サイクルとする識字プログラムとなる 　→識字率　約9％
1971年：第4次国家計画 　　　　新教育計画（NESP） 　　　　→中等教育における職業教育、技術教育を導入 　　　　教育政策を国家開発の必要条件と位置づける 1975年：第5次国家計画 　　　　初等教育の無償化（ネパール語が国語の授業に導入） 1978年：小学校教科書の無償化 1980年：第6次国家計画 　　　　国民のBHNの確保、人間開発主義に依拠→基礎教育重視へ	機能的識字の必要性を強調し、成人識字プログラムを強化 　→識字率　約14％ 1977年：国立トリブヴァン大学付属教育革新開発センターの設置 　→米国のNGO組織World Educationの協力により、国家識字プログラム、教材の開発 　→6か月の基礎学習期間＋3か月のポスト・リテラシープログラムを1サイクルとする
1985年：第7次国家計画 　　　　小学校の増設	→ 国家識字プログラムキャンペーンの実施 1988年：教育省内にノン・フォーマル局を設置
1990年：パンチャーヤット体制崩壊（第二次民主化） 1992年：第8次国家計画 　　　　Education for All 国内計画の策定 → 基礎初等教育マスタープラン 　　　　①2000年までに初等教育の普及・一般化を目指す 　　　　②新政権による国家教育委員会の設置 　　　　③基礎初等教育「基本的人権」と「貧困の撲滅」 1993年：基礎初等教育プロジェクト開始（～1998年） 　→ 学習機会の提供と学習状況の改善に向けて 1996年：10年生までの授業料無償化 1997年：第9次国家計画 　→ 初等教育の義務制導入に向け検討 1999年：基礎初等教育プロジェクトⅡ開始（～2004年） 　　　　：基礎教育開発プロジェクト 　→ 教員養成、教材の開発、小学校内の設備の改善等	女性の教育プログラム（Women's Education Program）の展開 　→成人女性を対象にした識字、生活向上に向けたプログラムなど
2002年：第10次国家計画（～2007年） 　　　　基礎初等教育の普及→ジェンダーの主流化に向けて 　　　　→初等教育の義務制導入に向けたパイロット調査開始 2007年：第11次国家計画（中間計画）（～2009年） 2008年：連邦民主共和制に移行 2013年：第13次国家計画（～2015年） 2015年：新憲法の公布	2003年：ノンフォーマル教育成人識字キャンペーン実施マニュアルの策定 2009年：School Sector Reform Plan（～2015年） SDGs第4目標に向けた政策の展開へ 　→15歳以上の識字率　男性75.2％、女性51.9％

注：年代については、大まかな区分である。
出所：HMG National Planning Commission Nepal（1992, 1997, 2002）、モーザ（1996）、Rogers（2001）、EFA Global Monitoring Report Team（2006）をもとに筆者作成

今日では、「ジェンダーの主流化（gender mainstreaming）」を目指すグローバルな開発戦略の枠組みの中で、識字率の向上は、男女の教育格差の是正や女子教育の普及という観点からも優先課題となっている。しかし、このようなグローバルな開発政策の一方で、学習者の生活世界の外部から導入される識字や、あたかも中立のスキルとして読み書き能力の習得を目指すプログラムを批判的に捉える研究が蓄積されてきている。それは、各々の国や地域に埋め込まれている、読み書きには限定されない能力としての「多様な識字」への考慮を促す研究である。それらは、いわゆる「第三世界」の女性が無力な存在として扱われることへの異議申し立てにとどまらず、西洋社会中心に語られてきた開発言説への批判や女性間の差異への言及等、これまで「自明である」とみなされてきた「ものの見方」を問い直す動きであると考えられる。

　学習者の生活圏外から新しくもたらされるスキルとしての識字を「グローバルな知」とすれば、古くから人々の生活世界の中で育まれてきた「多様な識字」は、他の人には交換不可能な「固有の知」と捉えることができる。両者の関係性について考察することは、途上国における識字教育政策のみならず、生涯学習の観点からも不可欠な課題である。

　本節では、これまで調査を重ねてきたネパールの識字クラスに参加した女性たちの事例を手がかりに、学習者を取り巻く生活世界の中から育まれてきた多様な識字となる「知」に着目し、グローバルな開発戦略が展開される過程においてどのように受容され、意味づけられてきているのかを考察する[4]。

　ネパールは人口約2,650万人、60以上の民族から構成される多民族国家である[5]。ヒンドゥー教を国教としていたが、2015年9月に公布された新憲法により、世俗国家となった。しかし、カースト制による社会秩序が今日も根強く存在している。1990年に政治体制が民主主義に移行したが、国内における紛争や王制の廃止により、長期に渡り、不安定な政治、社会情勢が続いていた（表6.1参照）。基礎教育の普遍化に向けた政策は進められているが、とりわけ、男女間における教育格差は深刻であり、成人女性のおよそ6割は未だ非識字状態にあることに加え、その多くは低位カースト層の出自である[6]。このような

問題の背景には、次のような要因があげられる。

第一に、ネパール社会の多文化状況である。60数種におよぶエスニック・グループやカースト（民族）の母語の中で、書き文字が存在する言語はわずかであること。圧倒的多数の国民は話し言葉（口承）中心の生活を送り、読み書きに接する機会は乏しい状況にある。ネパール語の母語人口は国民の約半数（約45％）である[7]。

第二に、ネパール社会の文化的、社会的環境である。カーストに基づく社会的序列関係、および宗教的慣習などが女性の就学機会、社会進出を阻む複合的要因として残存していることである。

2.1　ネパールにおける識字教育政策の展開

ネパール政府は就学経験の乏しい15歳以上の女性を対象に、1956年からノンフォーマル教育として国語であるネパール語の識字プログラムを展開している[8]。基礎コース（6か月間）と継続学習期間のポスト・リテラシー（3か月間）とに区分されており、政府から無償提供される識字用教材をもとに学習が行われる。ノンフォーマル教育はフォーマル教育とはリンクしておらず、プログラムは各地域で活躍しているNGOに委託する形態で実施されている[9]。

ネパール国内のNGOの活動が活発化し、開発政策の主要な担い手と位置づけられたのは、とりわけ、「万人のための教育」（1990年）以降であると言える。今日では国際的なネットワークを持つNGOがけん引役となり、識字プログラムの推進には欠かせない存在となっている。その背景には、国内の政治体制が1960年から30年に及んだパンチャーヤット体制（村落自治形態を維持した地方行政制度）から民主主義体制に移行したことが、開発政策に大きな変化をもたらす要因であったと考えられる[10]。

今日では、識字プログラムは「ジェンダー平等と女性のエンパワメント」の達成に不可欠であるとされ、貧困の削減、非識字状態の根絶、雇用の促進等の克服に向けた優先課題と位置づけられている[11]。そして、生活に役立つノンフォーマル教育プログラムを目指し、女性をはじめ、低位カースト、エスニック・グ

ループ等の人々を対象に地方自治体ベースに識字プログラムの普及を目指すキャンペーン計画が示されている。現在では、国際社会における開発政策に準拠し、持続可能な開発目標（SDGs）の第4目標の達成に向けた取り組みが目指されている（第1章参照）。

2.2 先行研究の検討と本研究の課題
2.2.1 識字プログラムの問題点

　近年、国際援助機関やNGOが推進する識字プログラムの内容や教授法などの評価、解釈に関する調査研究が蓄積されはじめてきている。例えば、主要なNGOを中心に調査を行ったシュレスタらによれば、様々な取り組みが行われているが、すべて開発のエントリー・ポイントにすぎないとされ、そこに集う人々に何らかの契機を与えることにはなるが、ひとつのプロセスにすぎないことが伝えられている。また、学習に参加した女性たちへの実態調査を行った結果、プログラム修了後に新識字者（neo-literate）と認定されても、学習内容やスキルが維持されないため、数ヵ月後には再びもとの非識字状態に戻ってしまうという現状が報告されている（Shrestha, 1993、Comings & Shrestha, 1995）。

　さらに、識字プログラムの主要概念となっている「エンパワメント」の用いられ方が変革のためではなく、機能的レベルの識字学習のように、保守的な意味で用いられていることへの批判や、フレイレが提起した「意識化」を目指す批判的識字アプローチが採り入れられているものの、実際には社会的、政治的な関心を高めることよりもむしろ、識字の「自律的な側面（autonomous model）」（Street, 1984）を実践する機能的識字レベルにとどまっている現状が伝えられている（Robinson-Pant, 2001）。同時に、学習内容が健康や公衆衛生の知識、情報等が中心であり、女性の自立心や主体性の育成よりも、家族や地域社会に貢献することが優先課題にされているため、プログラムは学習者（女性）の「ジェンダー化」を促進しているのではないかとの指摘もみられる（Longewe, 1998）。

　他方、識字プログラムが学習参加者に与えた影響力に関する実態調査では、

質問紙により学習に参加した女性たちに回答を求めた結果、第一に、識字プログラムは女性を対象にしているが、男性の参加も呼びかけなければ地域の開発には結びつかないこと、第二に、プログラムに参加する女性は、概して地域社会に根ざすジェンダー観に基づき日常生活を営んでいるため、学習後も従来からの生活に変化がみられないことが明らかになった（World Education, 2002）。

　識字プログラムを実施すれば、学習者に無条件に受け入れられるものとは考えられない。人々の日常生活がどのような構造のもとで営まれているのかを詳細に把握することが欠かせないのではないだろうか。

2.2.2　多様な識字の存在について　～ニューリテラシー論の視点～

　識字をめぐる調査研究では、これまで人類学的、心理学的、社会学的な領域からも数々の事例研究が蓄積されてきている。とりわけ、「ニューリテラシー・スタディーズ（New Literacy Studies）」として研究を展開している論者らは、人々がどのような場面でどのような識字活動を実践しているのかに着目し、各々の地域に埋め込まれている「多様な識字（multiple literacies）」の存在について言及している[12]。中でも、開発途上国における成人を対象にした教育開発研究に詳しいロジャース（Rogers, A.）は、識字プログラムのアプローチにおいて社会・文化的側面を重視し、文字の読み書きに限定される「識字」は、必ずしも開発政策において必要ではないとしている。機能主義的な識字に批判的であり、特に、学習者を取り巻く多様な社会状況や生活基盤に着目し、人々の日常生活上、様々な様相における識字が成立していることへの理解を説いている（Rogers, 2001）。

　また、識字を社会的な実践とみなすストリート（Street, 1984, 1995, 2001b）は、途上国における識字研究をクロスカルチュラル（cross-cultural）な視点により分析を試み、学習者を日常的に取り巻く生活世界の中で用いられている「識字の実践（literacy practices）」について質的に把握することが識字プログラムを成功させる鍵になるとしている。他方、ロビンソン＝パントは、ストリ

ートの議論に依拠しつつ、ジェンダーの視点を重視し、女性の識字と開発について、豊富なフィールド調査をもとにエスノグラフィックな調査研究の重要性を説いている。そして、学習者が置かれている文化的、社会的、政治的状況を分析し、西洋近代社会中心のイデオロギーに基づいた女性の教育支援策を問い直している（Robinson-Pant, 2004）。

これらの研究は、特定（例えば、学校教育で求められる識字等）の識字率の向上のみを評価するような開発政策や、しばしば、国際援助機関や開発NGOにより導入される「あたかも中立のスキルとしてパッケージ化されたような識字プログラム」（Street, 2001b）を批判的に捉え、識字率や各種開発指数などの数値的評価には反映されてこない「識字」の存在を尊重するものである。そして、これまで「普遍的である」とみなされてきたものの見方を問い直す視点を提示していると言えよう。

以上の先行研究を踏まえ、次のような課題が浮かび上がってきた。第一に、西洋近代社会の文化の導入ではなく、ネパール社会、とりわけ女性の生活世界に即した教育プログラムの開発が必要であること。第二に、学習機会の創造と自己学習を動機づける契機、および、識字を通して生活改善を可能にするプログラムを考案していくこと。第三に、プログラムへ参加した女性たち自身が、学習活動を通して利点を得られること、である。

これらの課題に応えるには、まず、読み書き学習を必要としていた女性たちの日常生活における識字活動について質的に把握することが求められよう。彼女たちがどのように意味世界を構築してきているのか把握する作業は、本研究の目的である「グローバルな知」と対峙する「固有の知」との関係性を探る手がかりとなる。

2.3 事例検討

識字クラスに参加経験のある女性たちには、共通点が多い。第一に、低位カースト層の出自であること、第二に、貧しい生活から抜け出すことができないこと、第三に、幼少期の就学経験が乏しいこと、そして、第四に、家計を支え

第6章　女性、識字と開発をめぐる事例研究

るために、家事や育児の傍ら、働かなければならないという多忙な生活を余儀なくされていたことである。ここでは、調査に協力してくれたインフォーマントの中で、最も積極的に自主的な活動を展開していたラクシミ（仮名）という名の女性とその仲間の女性たちの活動を事例として注目してみよう(13)。

2.3.1　インフォーマルな経済活動を通して

　ラクシミは34歳、夫と義母、2歳になる娘と暮らしていた。カトマンドゥ近郊のドゥリケル、ポクチャ村に生まれ、18歳で結婚したが、流産を繰り返し、長い間子どもに恵まれなかったという。夫もラクシミと同じサヒ（Sahi）というカースト(14)であり、二人はともにポクチャ村で生まれ育ち、子どもの頃から畑仕事を手伝っていたが、職を求めて首都カトマンドゥ（S地区）に家族とともに転居してきた。現在は建設現場で働いている。義母は足を悪くしているため仕事はしていない。その代わりに子どもの面倒をよくみてくれるというので、ラクシミは外出しやすい環境にあるという。家の近くで行われていたポスト・リテラシーのクラスへも、他の仲間より参加しやすかったようだ(15)。

　ラクシミは仲間たちと自宅近くの広場で野菜を売っている。S地区では野菜などの食材はバザールで販売されており、近隣の人々は住宅街から徒歩で15分ほどかかるバザールまで買い物に出かけなければならない。ラクシミはバザールにやってくる買い物客が「近くに（バザールが）あれば便利なのに」と話していることを頻繁に耳にしてきた経緯から、地区の中心に位置する広場で野菜を売ることを考案したという。彼女の提案に仲間たちも仕事ができることは都合が良いと賛同してくれたという。野菜販売の1日の収入は多くて50〜100ルピー（約100〜200円）(16)というが、小銭程度の収入であっても彼女たちの活動は家計に貢献しているのである。毎朝、5時に起床し、近くの畑まで出向き、その日に収穫できるものを仕入れてくる。販売は人通りの多い大通りに面した広場の一角を利用して行っている。広場を使用するに際し、クラブ（地区の組合）には使用料として1週間に100ルピー支払わないといけない。そのため、確実に利益を出さないと赤字になってしまう。朝から夕刻まで路上に座っ

177

ている日もあるようだが、今のところ、利益は出ているようであった。

　筆者はラクシミらの路上での販売活動を観察した経緯から、次のような点に気がついた。

　第一に、広場の使用をめぐり、地区の組合での交渉など、ポスト・リテラシーのプログラムとは関係なく、ラクシミたち仲間の女性が自主的に動いて人々と折衝し、活動していることである(17)。ラクシミたちの活動は小銭を稼ぐ程度のものであり、主たる家計の責任者でもなければ、経済的自立性も低い。しかし、家事、育児といった見えない労働、無償労働とは異なり、インフォーマルな経済活動に参画していると考えられる。周囲の状況を鑑みて、仲間とともに自主的に動き始めたことも評価に値する。近隣の住民からは低位カーストゆえに蔑まれているが、人々のニーズを察知したことから始めた活動が成功したのである。

　筆者の観察によれば、夕刻に近づくにつれて野菜を求めに来るお客が増えはじめ、「まったく売れないという日は1日もない」という彼女の発言が確かであることを確認した。

　第二に、野菜を販売する際、独自の発想で数えやすい方法を考え出していることである。例えば、ほうれん草の数え方について観察していると、左から一列に5束ずつ結わえたほうれん草を並べ、右から順に売り、5束がすべて売れた後で新しい束を並べ始める、という規則に基づいていることに気がついた。理由を問いかけると、「1束5ルピーで売っているが、売り上げの中から一週間に一度、100ルピーを場所代として支払わなければならない。3束ずつ並べるよりも、5束ずつ並べた方が頭の中で計算しやすい。4回並べたら（使用料）払えるってわかるでしょう？」（フィールドノーツ：2005年2月27日）ということであった。

　特別に驚くような出来事ではないが、簡単な計算さえ困難な状況にあった人が、日常的実践を通して独自に考案した方法であることを考慮すれば、関心を抱かずにはいられなかった。

　第三に、利益の一部を仲間で新しい仕事（裁縫）に着手するために貯蓄して

第6章　女性、識字と開発をめぐる事例研究

いることである。自分たちの将来的な活動のために備えていることは興味深い。仲間の一人が足踏みミシンを駆使することができ、土産物の財布（小さな巾着袋）を縫う下請け作業を行う話が出ているからということであった。もともと、ネパール社会には、奉仕の精神や不測の事態に備えた共同体内における相互扶助の伝統的社会組織（ペワ、グティなど）が存在しており、祭事や儀礼の際に、近隣の人々により助け合う姿が見られることは、めずらしいことではない。

2.3.2　評価されない活動

　ラクシミたちが開始した野菜の販売活動は、ポスト・リテラシーに参加する以前に思いついたことであったというが、識字クラスで一緒だった仲間たち5人に呼びかけたことで話がまとまったという。彼女たちは自分たちが居住する地域の情報をそれぞれの手段により入手しており、家事、育児等の家内労働、農作業や市場での労働を通して、文字文化には直接的に反映されない学びを日常的実践から摑みとっているのである。

　ラクシミたちの活動は、インフォーマルな経済活動に取り組む姿として評価されるべきであると考えるが、残念なことに、ポスト・リテラシーのクラスの指導者からの評価は低いものであった。それは、活動が違法行為として受け止められていたからである。

「私たちが前から取り組んでいることばかり。ポスト・リテラシーでは、知っていること（お金を出し合って皆の活動資金とし、グループや地区のために使うこと）を説明された。だから、地域の皆のために、野菜を売っているのよって言ったら、先生（指導者）から、あなたたちの活動は認められていない、違法だって言われたんです。でも、ちゃんとクラブには広場の使用料を支払っているから、問題はないのに。」
　　　　　　　　　　　　　　　　　（フィールドノーツ：2005年2月25日）

　ポスト・リテラシーでは、同カースト間における結束力を活かし、集団で所

得向上に向けた活動が提案されている。しかし、実践を迫るのではなく、プログラムの提案にとどまっていたという[18]。

　実際に、クラスの指導者にたずねたところ、所得向上プログラムを実施するのは当人たちであり、ポスト・リテラシーでは裁縫の技術を教えることが実践とされていたこと、また、ラクシミたちの活動が広場の使用権について地区の組合で問題になり、自身も地区の住民として被害を被ったというのであった。新しく活動を始めるに際し、地域の共有スペースをめぐり、異なるカーストにおける権利の住み分けが問題になっていたようである。

　「私たちのすることが気に入らないのでしょう。皆、儲かる仕事は欲しいからね。ここ（サヒ・カーストの居住区）では男も女も働かなければならない。クラスでは、ジェンダーについて説明されたけど、私たち女が動かなければ、生活は成り立たないでしょう？　ここの皆（同じ居住区の仲間）は、男も女も皆、外で働いている。女であるから黙っていることなんてありえない。ただ、もっと稼げたらいいのに（笑）。」　　　　　　　　（フィールドノーツ：2005年2月25日）

　ジェンダー概念についても識字プログラムの中では強調して説かれていたが、ラクシミの反応は、女性だから云々ということに違和感を示していた。彼女の見解では、ネパール女性の社会的付置状況について何も問題がないというわけではない。彼女は日々の生活の中で女性が遂行しなければならない役割を「女の仕事だから」と言い、「私がしなければ誰がやるのか。誰かがしなければならないから」と述べている。「女の仕事」と称する仕事内容は、概して家事、育児に代表される家族の世話に関するものと想定されるが、ラクシミは性役割に基づく仕事に不満があるというよりも、「生活のためにやむなく引き受けている」という主旨の発言をしている。

　そして、「女性の仕事」そのものに不満があるというよりも、むしろ、カーストの違いにより、周辺の人々から受ける排他的な態度に怒りを表していたことが印象的であった。

第6章　女性、識字と開発をめぐる事例研究

「女の仕事は誰かがやらないと仕方がない。生きているのだから。それよりもサヒだから仕事をもらえない、同じように（賃金を）支払ってくれないことの方が問題じゃない？　この子（娘）には同じような想いをさせたくないから識字クラスにも参加した。楽しかったけれど、何も変わらないわ。」

(フィールドノーツ：2005年2月25日)

　読み書きの基礎コースを修了した人々を対象に実施されているポスト・リテラシープログラム自体は、習得したスキルや知識の維持、応用、実践という主旨で行われている。しかし、クラスに参加した女性たちが期待するような成果は見当たらなかった。同時に、ネパール社会の事情に即した新たなモデルを提示することが求められていると考える。

2.4　まとめ

　本節では、識字クラスに参加経験のある女性たちの地域における活動を手がかりに、既存の識字プログラムがどのように意味づけられているのかを検討した。

　第一に、グローバルな開発戦略に依拠した「普遍的な理念」には合致しない側面について、どのように捉えていくことができるのか、という問題がある。学習に参加する女性たちが求めているのは、プログラムを通して直接的に生活改善を促す「知」なのである。生活向上のためのプログラムを提示するだけではなく、現実的に社会参加の具現化を図る戦略が求められていることが確認された。

　第二に、女性たちの日常生活には、未だカーストの違いによる障壁が残存しており、低位カーストが他の地域住民と対等な人間関係を構築することは、なおも困難な状況が存在しているということである。しかし、カーストに基づく生業を基本にした役割システム（パトロン-クライアント関係）は、グローバル化する社会情勢の中で、経済的成功を遂げた者を中心に、新たなモデルへと変化を促してきていることも事実である。変容する社会情勢を視野に入れつつ、識字プログラムを通して学習者が利点を得られるプログラムを築くことが求められている。

第三に、「識字は社会的な実践である」という観点からも、文字の読み書き能力に限定されない多様な識字活動に着目し、ノンフォーマルな学習活動の場をより多くの人々に提供していくことを求めたい。人々がどのような場面でどのような「知」を実践しているのかについて明らかにしていくことは、識字プログラムを成功させる鍵となる。クラスに参加する女性たちは過酷な現実を生き抜いてきている。彼女らがそれまで培ってきた生活経験、生き方等のライフヒストリーをも考慮に入れ、学習参加者の抱えている意味世界に接近することは、生涯学習活動を考察する課題としても欠かすことはできないのではないだろうか。

第3節　ラジオ放送を活用した農村女性のためのリテラシープログラム

　成人女性の識字率の向上や継続教育の機会へのアクセスは、EFA運動の主要な目標の一つとして国際的に推進されており、今日、多様な形態により展開されている。ネパールにおける女性のための識字教育は、国家開発計画の枠組みの下でノンフォーマルな教育活動として実施されており、そのねらいは、生活の向上、貧困の削減の他、女性の社会参加の促進である。しかし、経済を中心とするグローバリゼーションの下で、急激な都市化による国内の経済格差の拡大や多様な民族間における政治的紛争などにより、少数民族や低位カーストの貧困層の女性たちがより周辺化され、女性の社会参加は一層、困難なものとなっている。

　今日では、ICT活用の社会開発の展開が注目されており、情報へのアクセスは重要な生活課題となっている。とりわけ、1990年の民主化以降、人々の自由な社会活動が認められるようになったことや、マスメディアをめぐる報道の規制緩和から、メディアを活用した新たな開発政策の展開がめざましい[19]。中でも、地域を拠点に活動するコミュニティラジオ放送（以下CR放送）の活動が躍進している。国営放送局Radio Nepalが唯一の情報媒体であった時代か

らすると、人々は中央政府から発信される情報よりも、自分たちの生活に役立つローカルなニーズを重視し、そこに意味を求めていることが伺える。ネパールではラジオ放送はその他の情報ツールに比して、遠隔地に暮らす人々のみならず、あらゆる階層の人々に広く開かれており、地理的、文化的、経済的にも利便性に富んでいる。国民の約半数が口承中心の生活を営む多様な文化、社会的環境を考慮すれば、ノンフォーマルな学習活動においても、メディアを活用した具体的なアプローチの幅広い展開が求められる。

　本節では、まず、女性を対象にしたノンフォーマル教育について、その主要なアプローチである識字教育をめぐる現状と課題を整理する。次に、昨今のメディアを活用した教育支援活動の動向を踏まえ、現地CR放送局とNGOの協力の下で試みた事例研究について検討し、今後のノンフォーマル教育プログラムの課題や可能性を提示する。

3.1　女性を対象にしたノンフォーマル教育

　女性を対象にしたノンフォーマルな学習活動の中心的なプログラムは、「Women's Literacy Program」と称するネパール語の読み書き学習である。政府が発行した識字学習教材を用いて、基礎学習コースを6か月間、ポスト・リテラシープログラム（継続学習）を3か月とし、通算して約9か月間を1サイクルとする。休日を除き毎日約2時間程度、CLC（Community Learning Center）やその他、参加者がアクセスしやすい集会場等で実施されている[20]。ポスト・リテラシープログラムでは、生活の向上につながるような共同で取り組む活動（例えば、農作物の栽培や家畜の飼育、手工芸品の制作、販売等）が行われることが多い。プログラムの運営については、政府が提示するガイドラインに準拠し、国際援助機関やNGO、または地域におけるボランティアグループが実施媒体となり、多様な形態で行われている。

　近年、Women's Literacy Programにて最も広く使用されている学習教材は、ネパール女性を取り巻く生活課題について単元ごとに文字や簡単な計算を学んでいく構成になっている（図6.1）。

| 1：母親、2：女、3：友情、4：家族、5：工場、6：男の子・女の子、7：清掃、8：民主主義、9：進歩、10：煙、11：薪、12：事故、13：祭り、14：下痢、15：食べ物、16：性教育（家族計画）、17：財布、銀行、18：差別、19：ローン、20：マスメディア、21：知識、22：女性の権利、23：子どもの権利 |

出所：Mahilako Saddalta Pustaka (Women's Literacy Book) より筆者作成

図6.1：女性を対象にした識字教材の学習項目

　家事や育児、農作業に取り組む姿を描写した挿絵の他、社会で活躍している女性の姿も描かれている。特に、新聞やテレビ、街頭での演説に女性も広く関わっていることを示す挿絵が興味深い。各単元についての説明はなく、キーワードとなる単語を構成する文字と同じ文字が含まれる単語が挿絵とともに記載され、語彙を増やしていく構成になっている[21]。しかし、継続的に日常生活の中で実践されていくことをねらい、女性が学習に参加しやすい環境整備や男性に理解を促していくことが重要である。多くの場合、村落社会における物事の取り決めや意思決定は、男性に委ねられており、女性が公の場で発言する機会は極めて少ない。そのため、教材に基づき、農村社会の女性の役割を文字に表していく学習は、日々の実際的ジェンダーニーズ（モーザ, 1996）を文字化することだけに留まり、女性の役割を再考していくことにならないことには結びつかない。現実には、農村社会ではあいかわらず性役割分業や男女の関係性に変化が生じず、ジェンダー化の再生産にすぎないのではないかとの指摘もある。また、指導者となる人材の育成支援が不足していること、都市部中心の援助の傾向ゆえに、遠隔地には支援が行き届かないことなどの指摘も止まない（Robinson-Pant, 2001、Comings & Shrestha, 1995）。打開策として、国際援助機関や国際NGOにより女性のニーズに特化した学習教材の開発や暗記中心の学習とは異なる教授法、また、フレイレの識字理論を援用した参加型開発の方法論が多数提示され、試験的に導入されてきている。しかし、外国仕込みの方法論や教材が農村社会の実態に対応していないことなど、さらなる問題を引き起こしている[22]。

　他方、途上国の識字教育をめぐり、プログラムのあり方が現実社会の課題に応えられていないことから、あえて文字の読み書きに限定しない、人々の多様

なリテラシー活動に着目する研究が蓄積されてきている（Rogers, 2001, 2004、Street, 2004）。個々人におけるリテラシー活動がどのような場面において展開されているのか、異なる角度から観察することも欠かせない。学習対象者は成人期の女性であり、様々な生活経験を重ねる中で日常生活を営んでいるのである。個々の女性たちに内包された多様なリテラシーの様相に着目することこそ、成人期の学習課題を展開していく上では欠かせないと考える。

　女性たちの日常生活を観察していると、口承を中心としたコミュニケーションの中で、人やモノの動きをつぶさに観察しつつ、生活を営んでいる姿が把握された（長岡, 2007）。とりわけ、近年のICTを活用した社会開発の動きを概観する限り、文字文化に乏しい環境に置かれている人々にとっても携帯電話の普及により、情報へアクセスする機会は増してきている。メディアを活用した教育支援活動は、利点が多いものと考えられる。

3.2　ラジオ放送を活用した社会開発の動向

　ネパール国内のラジオ放送は、1951年に設立された国営放送局Radio Nepalに始まる。設立以前は、人々は隣国のインドの放送を聴いていたという（Parajulee, 2007）。ラジオ放送を社会開発のツールとして活用した取り組みは1970年代から行われており、Radio Nepalにて、農業、健康、森林、環境、女性や子ども等のニーズに応じた放送プログラムが実施されている。また、新教育計画（1970年）における教員養成プログラムでは、USAIDの支援により、遠隔地における教員養成支援策としてラジオ放送が活用されてきた（Holem et al., 1993）。起伏に富んだ地理的環境や国民の経済的、社会的背景を考慮すれば、遠隔教育としての利点は多い。また、家族計画やヘルスポスト（農村地域の保健所）の利用を呼び掛ける情報配信も行われている（Storey et al., 1999、Bouley et al., 2002）。ラジオ放送を通じて広く国民に情報を提供することで、マスメディアとしての存在意義も高まり、社会開発の主要な媒体としては貴重な存在と言える。Radio Nepalのプログラムはネパール全土に放送されているが、国民の自由な表現活動や報道の自由が認められたのは、1990年以

降である。今日、国内の大半の行政区にCR放送局が設置されるまでに拡大してきた背景には、少なくともパンチャーヤット時代の情報統制やネパール化政策(23)に対する人々の反発が募っていたものとも考えられる。CR放送局を地域の人々による情報発信源とし、農村地域の開発の拠点として育んでいこうとする支援プロジェクトもすでにみられる(24)。地域社会のニーズを反映させた情報提供こそ、その地に暮らす人々が求めていることを反映させた取り組みとして、極めて興味深い(図6.2)

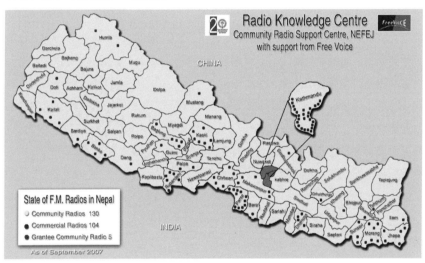

出所：NEFEJ

図6.2：コミュニティラジオ放送局の設置状況（2007年度時点）

3.3　CR放送を活用したポスト・リテラシープログラム

3.3.1　プログラムの概要

2008年に実施したCR放送へのアクセス状況に関する予備調査(25)によれば、都市部から離れれば離れるほど、CR放送への依存度は高くなる傾向がみられ、民族、カースト、学歴等の違いにより、ラジオ放送そのものへのアクセス状況に差異はみられないことが確認された(26)。このような背景から、地域を拠点に活動するCR放送の利点を活かし、農村女性らを対象にしたノンフォー

第6章 女性、識字と開発をめぐる事例研究

マルな学習活動に取り組むことができれば、第一に、自宅にいても放送を聴くことが可能となること。第二に、家族や地域全体に放送内容を広く配信することになり、女性たちが学習活動に取り組むための環境整備にも貢献できる。また、村落社会の中で活動が孤立することを防ぎ、周囲の支援を呼びかけることにも結びつく。第三に、基礎コース後の学習活動においては、文字の読み書き能力を広義に捉え、語る、聴く、考えることも個々人の能力として展開させていく必要がある。人々に内包されたリテラシー活動の多様な側面に働きかけるアプローチとして、取材により得た女性たちの肉声をも放送内容に採り込み、放送番組を制作することを着想した。

学習活動に参画する女性が自らの生活経験を語ることをも広義のリテラシーとして位置づけ、ラジオ放送を活用したポスト・リテラシープログラムに取り組んだ[27]。分析の枠組みは次の二点である。第一に、学習内容は、活動に参加する女性たちにどのように受け止められ、意味づけられるのか。第二に、学習活動により、女性たちを取り巻く家族や村落における様相に変化がみられるかどうか、である。対象地は都市近郊のラリプール郡ブングマティ村Ward. No.9と遠隔地のルパンデヒ郡テヌホワ村Ward.No.4とし（表6.2）、両地をそれぞれにカバーするCR局ラジオ・サガルマータ（Radio Sagarmatha）、ラジオ・ルンビニ（Radio Lumbini）、および、両地にネットワークを持つローカルNGOネパールフォスターメイト（Nepal Foster Mate）の協力を得た。

表6.2：対象地の概要

	ラリプール郡ブングマティ村Ward. No.9	ルパンデヒ郡テヌホワ村Ward. No.4
世帯数	241戸	173戸
人口	832人	約1200人
宗教	ヒンドゥー（80%）、仏教徒	ヒンドゥー、ムスリム（80%）
カースト	ネワール、タマン	ヒンドゥー、ムスリム
言語	ネワール語、ネパール語	ボジョプリ語
識字率（15歳以上）	男性：79%、女性：55%	男性：44%、女性24%

出所：Central Bureau of Statistics (2011)、および筆者の現地調査に基づく

3.3.2 基礎コースを実施するに際して

　CR放送を活用したプログラムをポスト・リテラシープログラムとして実施するに先立ち、2010年1月より、基礎コースを6か月間、両村にてそれぞれ実施した。各25名からなるクラスを編制し、共同学習のための基盤づくりに取り組んだ。両村ともに女性たちの就学経験は乏しく、通学の経験がある女性の場合でも2年間のみであり、ネパール語の読み書きは忘れてしまっていた。クラスの指導者には、村落内に居住し、学習に参加する女性たちとも既知である読み書きの可能な女性に依頼した。基礎コース用の教材については、政府発行の教材以外にも国際援助機関や国際NGO等により様々な教材が作成されている。しかし、実際に使用するには、指導者に高い能力が求められる場合や、購入するには費用が高く、また、調達に時間がかかる教材もある。そのため、問題点を補足しながら説明を加えやすい教材として、広くネパール国内で使用されているWomen's Literacy Programの教材を使用した。基礎コース実施前と実施後にはヒアリング調査を行い、ラジオ放送学習にて採り上げる課題や参加者、その家族、村落の人々らを中心に情報収集に努めた。また、村落開発委員会への説明や、人々の生活の様相、近隣の村の動向なども含め、情報収集することができた。

　対象地の状況はそれぞれに異なっていた。ブングマティ村の場合は、ネワール族のマハラジャンカーストを中心に集落が形成されているが、村落内のタマン族の人々との交流も厚く、共同で農作業が取り組まれていた。よって、すでに共同で学習に取り組む素地は確立されていたと言える。また、都市近郊ということもあり、外国の援助機関による様々な支援を受けやすい環境にある。筆者がブングマティ村を初めて訪れた時から比べれば、共同水道の整備、各世帯にトイレが設置されるなど、ここ数年の間に急激に様変わりしている。農地を養鶏場やレンガ工場に提供する者もあり、市場経済の浸透が急激に進んでいることがうかがえる。このことは、学習活動にも影響を与えており、すでに、農閑期に村落内の女性グループにより作成された蠟燭や手工芸品等をバザールで販売し、利益をもとにマイクロクレジットにも取り組んで行こうという計画が進められていた[28]。基礎コースの実施に際しても、女性たちの興味、関心は高

第6章　女性、識字と開発をめぐる事例研究

かったが、18時から始まるクラスに参加すると、夕食の支度に支障をきたすことや、夫やその他の家族の学習活動への無理解から、参加が困難な女性もおり、女性たちを取り巻く環境整備が課題であった（図6.3）。

筆者撮影

図6.3：ブングマティ村の識字クラスの風景

　一方、テヌホワ村は、釈迦の誕生地として世界遺産にも登録されているルンビニ地区に位置するが、住民の約8割がムスリムにより構成されている。近年では、政府による開発計画により、急速に観光地としての整備が進んでおり、ホテルや店舗の建設が相次いでいる。農閑期に少しでも現金収入を得ようと建設現場で日銭を稼ぐ村人や、ドバイやパキスタンに出稼ぎに行く男性が多い。村落内では、ムスリムとヒンドゥーの女性が互いに交流する機会はなく、今回のプログラムを実施するに際し、その主旨を理解してもらうことに時間を要した。
　農作業等も共同では行われておらず、隣に住んでいても会話をしたことさえなかったという女性もいた。また、村周辺では文化的慣習に基づき、女性が単独で自由に外出することは許されず、若い嫁ともなれば、一層、厳しく行動が

制限されていた。

　クラスへの参加については、事前に了承を得られるように働きかけを行った。しかし、子どものいる女性たちは、子ども（特に女児）を帯同することで自ら外出しやすい環境を設定し、親子でクラスに出席する姿が見られた。しかし、学習が始まって以降、次第に母親に代わり、女児のみの姿が目立ちはじめるようになっていったことは興味深い。テヌホワ村の女児の多くはマドラサに通学しており、マドラサではネパール語の読み書きは教わらない。そのため、女性たちは自らが出席する代わりに娘を出席させるように促していたことが明らかになっていった（図6.4）。

筆者撮影

図6.4：テヌホワ村の識字クラスの風景

　もうひとつの興味深い点は、学習教材は両村ともに同様の教材を使用したが、テヌホワ村では挿絵をめぐり、批判的な意見が相次いだことである。具体的には、「家族」や「男の子、女の子」の単元において掲載されていた挿絵をめぐり、「村落内にはこのような格好の人はいない」「なぜ、子どもは男の子と

第6章　女性、識字と開発をめぐる事例研究

女の子の一人ずつなのか。子どもはもっと沢山いた方がよいのに」というように、挿絵の人物像がテヌホワ村周辺の人々の姿とは大きく異なっていたこと、また、家族計画はムスリムの社会では宗教的事由から認められておらず、教材にて提示されている家族像への違和感を示す意見が多々、聞かれた[29]。

3.3.3　ラジオ放送学習について

　基礎コース終了後、ヒアリング調査による準備期間を経て、ポスト・リテラシープログラムとしてラジオ放送学習を両村にてそれぞれ実施した（表6.3）。

　ブンクマティ村では、ラジオ・サガルマータの協力により、「バラカリ（読み書き）」という放送番組を制作、実施した。特に、なぜ、おとなの女性に学習の機会が必要であるのかについて、家族や村落社会全体に放送内容が届くことを意識し、12のエピソードにまとめた。また、ヒアリング調査の取材の際、女性たちの肉声を記録し、可能な限り放送に反映させるように編集した。放送言語はカトマンドゥ盆地を放送圏とするため、ネパール語で放送した。

　他方、テヌホワ村では、ラジオ・ルンビニの協力の下、「ハマー・ガウンガ（= Our village, our locality）」というタイトルにより、「健康」や「衛生」の概念の理解、意識啓発を促すことを中心に番組を制作した。テヌホワ村の場合は、学習課題は村落内の衛生管理であった。これまでにも外国のNGOによる公衆衛生のためのプログラムが実施されたが、変化はみられなかったからである[30]。村落社会全体の問題として取り組む課題として、清掃や衛生のための活動の意味を伝える内容に編集した。加えて、健康や衛生管理の必要性について具体的な根拠を提示するために基礎コースに参加した女性たちを対象に、村落近くにあるヘルスポスト（保健所）にて、健康診断を実施した[31]。健康診断についても、受診した女性らのインタビュー記録を本人の承諾の下で放送番組に反映させ、家族、村落の人々の生活に関連する情報も含めて編集した。

　放送はボジョプリ語により、半年間放送した[32]。学習活動については、毎週月曜の夕刻に指導者の自宅や村落内の集会所に集まってもらい、トランジスターラジオを囲み、放送内容を聴いた後、皆で意見交換するものである。ま

表6.3：両村におけるラジオ講座の学習項目

Location, Radio Station and Broadcasts	Episodes
Bungmati *Barakhari* (Read and Write) Radio Sagarmatha (Broadcast October–December, 2010 for 15 minutes every Monday 7-7.15 pm)	1. The importance of non-formal education for women. 2. The changes brought about by non-formal education. 3. Farming and education. 4. How husbands and families can help in education. 5. Women who are keen to attain classes but restricted by their families. 6. Experiences of women barred from joining literacy classes. 7. Encouraging families to join literacy classes. 8. Pollution – the effects of dust and smoke on health. 9. What women gain from adult learning? 10. Teaching women with different capacities in the same class. 11. Safe motherhood. 12. Need for continuity in non-formal education.
Tenuhawa *Hamar Gaunghar* (Our Village, Our Locality) Radio Lumbini (Broadcast September 2010–February, 2011 for 30 minutes every Monday, 7-7.30 pm)	1. Health and Cleanliness 　○ Personal Cleanliness 　　・Importance of washing hands. 　　・Oral hygiene. 　　・Genital hygiene. 　○ Household Cleanliness 　　・Safe and pure water. 　　・Cleanliness of house. 　　・Use of toilets. 2. Education 　○ Educational equality 　○ Education for all 　○ Education for life 3. Agriculture 　○ Using compost and manure 　○ Kitchen gardening 　○ Bio-farming 4. Forestry and environment 　○ Marshy land 　○ Plantation 　○ Cleaning surrounding areas 5. Human Rights 　○ Children's rights 　○ Women's rights 　○ Human rights 　○ Religious tolerance 6. Communications 　○ Communication in the village 　○ Communication skills 　○ Advantages of effective communication

出所：Nagaoka & Karki（2014）より加筆、修正

た、放送内容に対応し、内容を簡潔にまとめたテキストも、ネパール語、ボジョプリ語でそれぞれ作成して配付した。女性たちの出席状況は良く、喜んで参加する姿が観察された。残念なことは、指導者役の女性が両村とも若く、子育ての経験がなかったため、学習内容についてディスカッションをすすめていくことが困難な場面がみられたことであった。

3.3.4 学習後の変化

学習活動が終了した後、両村とも周辺の村から、「次は、自分たちの村に（取材）に来てほしい」との意見が多数寄せられた。そして、次のような変化がみられた（表6.4）。

表6.4：学習活動をめぐる様相

	基礎コース期間	ラジオ学習期間	終了後の変化
ブンガマティ村	・学習活動への興味、関心が強く、積極的に参画。 ・夫や家族の理解が少なく、参加を許されない女性もあり。	・成人期の学習の意味や必要性を強調。 ・「健康」「環境」等、村落全体に関わる内容に編集して放送実施。	・家族の理解度の増加。 ・男女が共同で清掃活動を実施し始めたこと。 ・周辺の村からも好評を得たこと。
テヌホワ村	・初の共同学習の機会であったこと。 ・異なる民族同士が集う初の機会でもあったこと。	・「健康」「衛生」の概念の普及、理解を求めて放送実施。 ・各世帯を中心に、衛生の観念が浸透しはじめる。	・放送開始以来、村落内の衛生状態に変化がみられたこと（例：石鹸の使用や、清掃活動の実施）。 ・ヘルスポストの利用者が増えたこと。

出所：筆者作成

ブンガマティ村では、第一に、男女による共同清掃活動が実施されはじめたことである。ネパール社会では、一般に家庭内の清掃は女性の役割と位置づけられており、男女が共同で取り組む作業として清掃活動が取り組まれる例は、これまで、あまりみられてこなかった。第二に、村落内の男性から、女性のみを対象としたプログラムでなく、男性の参加も求める意見が相次いだことである。基礎コースに続き、ラジオ放送学習も女性の生活世界に焦点を当てた内容

に編集したことに対し、「なぜ、女性たちだけを対象にするのか。（健康や農業など）男性にも関係する内容であるため、（男性が）クラスに参加できないことは不公平である」との意見が複数寄せられた。第三に、学習活動に対する家族の理解が増し、学習活動に参加しやすくなったとの声が多く聞かれるようになったことである[33]。

　一方、テヌホワ村においては、放送学習開始以降、村落内の衛生状態が確実に変化していったことがあげられる。ヒアリング調査の際、「この村はきれいになった」と話す人が多数にのぼった。以前は洗濯や炊事、あるいは沐浴の際、石鹸を使用する姿は稀であり、食器なども灰や泥を使用して洗っていた。しかし、台所や家屋内の衛生、清掃活動について放送し続けることで、石鹸を使用して洗濯、手洗いをする姿が観察されるようになり、日常生活の中で実践されていることが確認された。その他、村周辺のヘルスポストを訪れる女性たちが増加したことである。放送内容は近隣の村にも届いており、ヘルスポストの利用や病院で出産を希望する女性たちが確実に増え始めている[34]。

3.4　まとめにかえて

　本節では都市近郊（ブングマティ）と遠隔地（テヌホワ）の村を対象とし、女性を対象にノンフォーマルな学習プログラムに取り組んだ。プログラム終了後も継続してヒアリング調査を行ってきた結果、ローカルメディアを活用し、地域に根差した生活課題が地域の言語により配信されたことで、その他の情報網の中でも人々の興味、関心を高めることに成功し、効果的であったと言える。様々な団体によりノンフォーマルな学習プログラムが行われているが、プログラム終了後、継続的に活動が展開されていくことは少なく、村落内で自助力を高めていくことが課題となる。本節で紹介した事例研究の場合は、清掃活動や健康管理など、誰もが日常生活の中で実践可能な課題に取り組むことが可能となり、男性をも巻き込んだ活動の継続性に発展していったものと考える。

　次に、生活体験の共有化である。ラジオ放送番組に農村で暮らす女性たちの肉声を反映させたことから、日常生活における体験談が、女性間における問題

第6章　女性、識字と開発をめぐる事例研究

の共有化へと発展していったのである。また、語られた生活経験は「生きた学習材料」として、その他周辺の村にも伝わっていったことは有効であったと言えよう。

　最後に、学習活動が人々の暮らしの中の知見を共有する「場」や「機会」として位置づけられていくことが今後の課題としてあげられる。テヌホワ村の場合、遠隔地ということもあり、都市近郊のブングマティ村よりもラジオ放送というノン・プリントメディアの有意性は高かった。それゆえ、テヌホワ村のムスリム女性たちの学習活動は予想に反して好評を得ることになり、プログラム終了後にはラジオ・ルンビニからの強い要請により、近隣の村も対象地に含め、再放送として第二回目のラジオ放送学習を行うことになった。学習活動の様子は地元の新聞にも掲載され（図6.5）、その年の2012年12月には、ジャーナリズム賞（Organizational Education Journalism Award）を受賞するに至った（図6.6）。

図6.5：ムスリム女性の学習活動を伝える地方紙

図6.6：ジャーナリズム賞

リテラシーの定義を文字の読み書き学習に限定せず、聞く、語る、考える、実践するという行動をも広義のリテラシー活動として捉えたことにより、リテラシー・プログラムとして取り組むべき課題の幅広さ、多様さについて、改めて問い直す契機となった。本研究により得られた知見は、農村女性たちの生活経験そのものが、生活課題に対応する貴重な学習資源であることを改めて喚起している。換言すれば、多様に異なる人々の生活世界の「中」にこそ、問題解決に取り組むための「知」が存在していることを示唆している。

注
(1) 識字プログラムの基本的な方針や学習活動の概要については、第4章を参照。
(2) ネワール語の書き文字は存在するが、今日では経典や寺院の建造物に記載されている古語のような位置づけとなり、日常的に書き文字として使用されてはいない。
(3) 第6章第1節で用いたインタビュー・データは筆者とNを中心とするT地区第6番地に居住する女性たちとの対話の記録（調査期間：2001年9月12日～9月22日、2005年2月19日～2月28日）の一部である。インタビューは基本的にはネパール語で行ったが、会話の中にネワール語も混ざるため、英語による通訳をつけて確認した。インタビュー・データの中のカースト名の表記については、話者の表現に基づいて記載することにした。また、本稿では、上記の調査期間以外に筆者がフィールドで得た知見も用いていることを述べておく。
(4) 本稿で用いる事例は、現地調査（2000年2月27日～3月20日、2001年9月12日～9月22日、2005年2月19日～2月28日）において得られた一次資料の一部である。
(5) 人口および民族については、第2章第3節参照。
(6) 教育関連の動向については、第3章を参照。
(7) 国内の民族構成は、インド・ヨーロッパ語系の言語を母語とする人々と、チベット・ビルマ語系の言語を母語とする人々に大別される。現憲法においては、ネパール国内で話されているすべての言語は「国民語（rastrya bhasa）」として認められているが、その言語使用状況については、正確な話者人口が把握しきれておらず、難題を抱えている。
(8) 教育省が設置された翌年（1953年）から、ネパール政府は成人を対象にした識字教育の準備体制に入る。開始当時のプログラムは3か月を1サイクルとする内容であり、現在のように6か月の基礎学習期間を1サイクルとする学習内容は、1960

第6章　女性、識字と開発をめぐる事例研究

年代に入ってからである。
(9) ネパールのノンフォーマル教育はフォーマルな学校教育とはリンクしていない。他のアジア諸国の中では、イクイバレンシー（ノンフォーマル教育プログラムにおいて、一定の学習を修めた場合、小学校への編入や初等教育を修了したものとみなす）制度が定着しており、ネパール政府も導入する方向で検討しはじめているという（教育省ノンフォーマル教育センターのDhungelディレクターより聞きとり、2016年8月）。ノンフォーマル教育の詳細については、第4章を参照のこと。
(10) ネパールのNGOは1977年の社会奉仕法（Social Service Act）において、初めて「社会に発展をもたらすことを主目的とする組織」と定義づけされた。1769年のシャハ王朝による国家統一以来、国王が絶大な権力を保持していたことに加え、1960年から1990年に渡るパンチャーヤット体制下（村落自治形態を維持した地方行政制度をさすが、そのねらいは国王を頂点とする中央集権政治体制であった）では、一般市民が組織的に結集して社会開発活動を行うことなどは反政府組織とみなされていた。
(11) 第10次国家計画により、初めて国内のすべての開発政策において、ジェンダーの視点を導入することが明記されるようになった。女性の開発政策に関する動向としては、1995年の第4回世界女性会議以降、女性児童社会福祉省が設置され、女性の開発政策に関する立案、調整役を担っている。
(12) ニューリテラシー・スタディーズ（New Literacy Studies）とは、識字とは、学校教育の中で単に文字の読み書きをスキルとして習得することと理解するのではなく、むしろ、社会的実践としてみなされるべきだとする研究である（Barton et al., 2000、Crowther et al., 2001参照）。
(13) 本稿でラクシミたちサヒカーストを中心にした識字クラスの仲間たちを取り上げる理由としては、次のとおりである。①ラクシミを中心に、サヒカーストの女性たちがポスト・リテラシーに参加する以前から自主的に野菜を販売する活動を展開していたこと。②自分の仕事以外に、女性たちだけで新しい仕事として、野菜の販売を行ったこと。最後に、③ラクシミたちは、参加したポスト・リテラシーの学習内容に対し、批判的に捉えていたが、同時に、自分たちにできることを見出そうと希望も持ち合わせていたこと、である。
(14) サヒ（Sahi）カーストは、カドギ（Khadgi）やカサイ（Kasai）と同じく、水牛やヤギなどの屠畜業を生業とするネワールの低位カーストである。今日においては、近代化の過程で食肉を口にする人が増えたこともあり、精肉業に従事することで経済的に成功した低位カースト層も注目されはじめてきている（詳細は第5章参照）。

(15) 調査は、識字クラスに参加経験のある女性たちに学習内容の感想、および現在の生活の動向等を継続的にインタビューすることをテーマにしている。本稿で用いたデータはその一部であり、調査期間は注（4）のとおり。キーインフォーマントの紹介については、現地NGO組織Nepal Foster MateのKaji Shakha氏の協力を得た。
(16) 1円＝約1.6ルピー（インタビュー当時）。
(17) ラクシミたちが参加した識字プログラムはカトマンドゥ郊外のパタン市において公衆衛生活動を展開しているNGO組織Yala Urban Health Education Programmeが主催するものであった。ラクシミが識字クラスに参加していたのは1996年度であり、基礎コースに取り組んだ学習内容はあまり覚えていないという。ただし、その後も定期的に実施されるポスト・リテラシーのクラスへは参加しているということであった。
(18) 識字プログラムや継続学習であるポスト・リテラシーについては、基本的な学習内容や方針は政府から提示されるが、クラスを運営するNGOにより、教授法や学習する時間帯は異なっている。
(19) Ministry of Information and Communicationによれば、2012年10月の段階で、472局がライセンスを取得しており、FMラジオは327局が活動している（Matin Chautai, 2012）。
(20) 女性のみに特化したプログラムの他、男性と女性が共に学ぶプログラムや、学校外の児童を対象にしたプログラムもノンフォーマル教育プログラムとして実施されている。
(21) 例えば、「女性（マヒラ）」の単元では、マ・ヒ・ラと文字を分けて学ぶために、マ（マンディラ＝寺）、ヒ（ヒマール＝ヒマラヤ）、ラ（ラルティナ＝ランプ）というように、当該文字を使用した単語が挿絵とともに記載されている。
(22) 現地調査にて、Nepal Foster Mate Lumbini支部のDr.Mahendra Shresthaからの聞き取り。
(23) ネパール語を母語とし、ヒンドゥー教を中心とする国家政策。1769年にシャハ（グルカ）王朝が国家統一後、1990年に民主化を迎えるまで強化されていた。
(24) ネパール国内でコミュニティラジオFM局が認可されたのは、1997年にRadio Sagarmathaが初めてである。以前はニュースやトーク番組に限定されていたが、現在では、環境問題や意識啓発、女性の教育、健康、または、電話によるトーク番組等が放送されている。
(25) 予備調査については、メディア総合研究所より調査研究助成を受けて実施。

第6章　女性、識字と開発をめぐる事例研究

(26) ただし、BBCなどの英語による放送の場合、英語を理解できるか否かにより、番組へのアクセス状況に大きく差異がみられた。また、都市部の一般家庭では、節電による計画停電により、テレビよりもラジオを情報源とする生活が定着していることがうかがえた。

(27) 放送番組の制作、実施に際しては、公共財団法人トヨタ財団より、研究助成を得て行った。

(28) ブングマティ村では女性グループの活動は始まったばかりであり、ローンの仕組みについて正しく理解している女性は少なかった。「お金はこわい。危険なものだから、活動（マイクロクレジット）には関わりたくない」という意見もあった。

(29) 家族計画については、ムスリムの女性たちの中でその意味を理解している人は少なかった。テヌホワ村での基礎コースクラスでは、宗教上の問題に執拗に触れることは避け、簡単に意味を説明することに留まり、学習活動を継続させることにした。

(30) ルンビニ地区周辺で活動している開発コンサルタントや国際NGOのスタッフからは、ムスリムが多数を占める村でのプロジェクトの実施は、非常に困難であるとの声が多く聞かれた。「ムスリムは宗教上の教えを重視しているため、それ以外のことには耳をかさない」ということが主な理由であった。

(31) テヌホワ村の女性たち25名を対象に健康診断（体重、身長、血圧の測定、および、血液検査、尿検査、検便を実施）を実施したことは、その後の彼女たちの健康に対する意識を高めていくことに役立った。しかし、生まれて初めて採血や尿検査を受診する女性が多く、事前に何度も説明をしても受け入れてもらえず、診断を拒否する女性もいた。実際に受診した女性は25名中15名であり、その内、7名の女性に回虫がいることが確認された。

(32) プログラム開始当初は、両村ともに半年間の放送予定であったが、Radio Sagarmathaの場合、都市部の市場価格の高騰につき、放送制作費用がかさむことになった。そのため、ブングマティ村については、放送学習は3か月間に短縮することになってしまった。

(33) クラスに参加することを許可されなかったブングマティ村のMs.マハラジャンの例では、ラジオ放送を聴いた夫が、「ラジオから妻の声（インタビュー記録）が聴こえてきた」と喜ぶようになり、学習活動への参加を奨励するようになった。

(34) テヌホワ村近くのヘルスポストには、これまでムスリム女性が訪れてはいたが、身体の不調や状態について詳しくは話さないことが多かった。それゆえ、正確な医療情報さえ伝えることができなかったという。しかし、ラジオ放送による学習

199

を開始以降、ラジオを聴いたということで、健康に対する疑問や病気の治癒について、何度も訪ねてくる女性が増えたという（Nepal Foster Mate Lumbini支部のDr. Mahendraより聞き取り）。

第7章

再考：女性が文字を学ぶこと

●村の小学校（筆者撮影）

第1節　ネパールの教育開発政策を振り返って

　近代国民国家の形成に向けた開発政策が開始されて以降、およそ65年に及ぶ開発政策の経緯は、概ね、国際社会におけるグローバルな開発政策の展開に準拠するものであった。今や、2015年に新しく憲法を公布し、世俗国家として新たなスタートを切ったネパールであるが、その経緯は、西欧諸国をモデルにした経済発展が開発の中心的課題とされた政策から、数々の批判が明確なものとなった80年代の反省期を経て、人間の発展こそが開発の主要な課題であることを再確認するものであった。そのターニングポイントとなったのが、教育こそが人間に発展をもたらす主要な取り組みであること、特に、基礎初等教育の普及、拡大を追求することが不可欠であることを広く国際社会に承認を求めた「万人のための教育（EFA）世界会議」（1990年）であった。90年代以降のネパールの教育開発政策は、EFA世界会議において提出された「EFA行動枠組み」の下で、基礎初等教育の普及に焦点が置かれることとなった。

　EFA運動に基づく90年代以降の初等教育をめぐる動向は、小学校の就学率、学校施設の増加や教師の人材育成、識字率の向上等、大幅に進展することとなった。学校教育のみならず、成人女性を対象にしたノンフォーマル教育プログラムについても、1956年の開始時からすると大きく展開してきたといえる。特に、女性のための識字教育は、国際援助機関やネパール国内のNGO、その他民間団体による支援により、その活動はめざましいものがある。民主化（1990年）により、国民が自由に集い、社会問題について活動し、表現することが認められたことも、あらゆる開発政策に拍車をかける要因になったといえよう。しかし、現実には「開発援助」をうたい文句に、外国からの資金援助を求めているに過ぎないとの問題も生じている。開発途上国として、世界の最貧国の一つに位置づけられるがゆえに、教育開発においても貧困との闘いである。それゆえ、学習の機会にアクセスすることができない状況に置かれている人々がなおも多数にのぼる現実を考慮すると、ノンフォーマルな学習の機会や

第7章　再考：女性が文字を学ぶこと

関連する活動がさらに充実していくことを望まずにはいられない。支援活動に関わるネパール国内の組織がさらに成熟し、人材育成を含め、自助努力を高めていくことも課題である。

　一方、識字教育の方法論やアプローチをめぐる調査研究は、国際援助機関や研究者、国際協力に関わる実践家らの活動を通して蓄積されてきている。この他、民間の援助団体などによる国際協力活動として取り組まれているノンフォーマルな教育支援活動の展開には、その人道的な見地からも尊く、貴重であるといえる。既存のプロジェクトやアプローチを振り返ることにおいても、欠かすことのできない活動であることはいうまでもない。しかし、政策として行われている識字教育を、「学習の機会を提供する」という側面から捉えて評価するのではなく、学習者の内面の動きにもより注目していく必要があることを述べておきたい。それは、第5章と第6章で紹介したいくつかの事例からも明らかなように、プログラムに参加した女性たちは、カースト的地位にかかわらず、皆、「自分のできることをしたい」という気持ちを募らせていたことにある。偶発的な契機により学習の機会を得たにしても、日々の生活の中で「自分にできること」を見出し、日常的に実践していこうと能動的な態度を示していた。さらに、低位カースト層の女性たちの生活世界には、学習に参加することへの理解の無さや家庭内における文字文化が乏しいことなど、学習活動そのものに着手することが困難な状況にあったこと、また、設定された学習内容を期間内に習得しても、彼らを積極的に地域社会の構成員として認めようとはしない社会にあることも明らかになった。現在のネパールにおける識字教育事業は、就学経験の乏しかった女性を中心に、教育の機会の提供を行う事業として展開されていることに違いはないが、残念ながら、その本来のねらいのとおり、女性が文字を学ぶことへの理解や、学習活動を通じて社会参加を促進する媒体としては、必ずしも機能しきれてはいないといえよう。

第2節　今後のノンフォーマル教育プログラムについて

　本書におけるこれまでの議論を踏まえて、今後の識字教育を中心とするノンフォーマルな教育プログラムについて言及したい。

　第一に、ノンフォーマル教育プログラムにおける評価のあり方についてである。ノンフォーマルな学習活動の場合、フォーマルな学校教育とは異なり、学習者のニーズや状況に合わせて柔軟な体制で運営することが可能であり、識字教育について言及すれば、他のプログラムに比べてさほど費用もかからない。そのような利点はあるものの、学習活動に対する評価については、定まった評価軸が整っているわけではなく、むしろ、学校で行われる試験のような評価体制には馴染まない側面がある。そのため、プログラム終了後、識字率の上昇のみを評価軸に設定するのではなく、学習に取り組んだことへの評価システムの中に参加者の生活環境に合わせた配慮が求められる。意欲的に問題意識を見出してプログラムに取り組む顕在的学習者もいれば、学習すること自体に興味、関心を抱きはじめることに時間を要する潜在的学習者も多い。しかし、共通点としては、学習活動を通じて、生活の改善や向上を求める志向が高まっていることであり、文字の読み書きを学ぶことで生活に役立つ知識、スキルの習得など、利点が得られる仕組みを明確に提示する体制が望まれる。

　第二に、多様な形態による学習の機会を増やしていくことが望まれる。そもそも、参加者を取り巻く家族の協力や理解が得られなければ、どのようなプログラムであろうとも、女性たちは非難の対象となってしまい、負担を強いることになる。多くの支援団体も行っていることではあるが、指導者が頻繁に参加者の自宅を訪問し、プログラムの主旨を説明して理解を促すなど、学習する人々が活動しやすい環境を積極的に整えていくことも欠かせない。その意味において、第6章で紹介したラジオ放送を活用したプログラムは有効であった。プロジェクトを開始するに際し、地域のNGOであるネパールフォスターメイトには、再三に渡り、プログラムの主旨を説いて回ってもらった。また、ラジ

第7章　再考：女性が文字を学ぶこと

オ放送を活用したことも利点が多かったようである。自宅に居ても識字クラスで何をしているのか、家族もラジオ放送を聴くことで内容を理解してもらえたからである。近年では、途上国を対象にICTを活用した教育開発プロジェクトが検討されており、携帯電話やパソコンを用いた遠隔教育も進められてきている。学校教育とは異なり、柔軟な学習体制で取り組めるノンフォーマルな学びの利点をより一層、高めていくことが求められている。

　第三に、指導者の育成である。本書では、識字プログラムのアプローチを中心に検討してきたため、指導者の育成という問題には具体的に触れてはこなかったが、学習する人々に直接的に関わる指導者の存在は、プログラムを成功させる重要な鍵を握っている。多くの場合、指導者は、支援団体のスタッフや学生アルバイト、近隣に暮らす人でボランティアを募り行われていた。指導者に支払われる報酬は、2000年の調査時では1か月700ルピー（約1,400円）であった。また、識字教育の教授法や学習環境など、プログラムの運営にあたる団体の規模により、指導者の力量如何も左右される部分が大きい。国立トリブヴァン大学の附属機関であるCERIDでは、識字教育を実施しているNGOの担当者を集めて情報交換や問題意識の共有を図るワークショップを開催し、適切な指導が行えるように問題の共有化に向けたマニュアル作成を試みている。また、指導者を育成するためのトレーニング・コースを教育学系の大学のカリキュラムに設置するという案も提出されてきている。識字教育に尽力しているNGOは国際的に活動を展開している団体が多く、独自にネットワークを築き、学習支援活動を展開している例もある。今後の研究課題としても取り上げていきたい。

　最後に、識字教育をはじめとする活動に男性も参加することを奨励し、男女が共に学ぶプログラムの実施を求めたい。なぜなら、近年では識字教材においてもジェンダーの視点を採り入れた内容が盛んに強調されており、ただ文字を学ぶだけでなく、ネパールの村落社会における男女の性役割に基づいた慣行を問い直す事例などもある。社会、文化的要因に伴う慣習や価値観に疑問符を付けることを試みても、女性のみを対象にしていては改善することは困難であ

る。男女が共に学ぶことで、地域社会に残存するジェンダー観に基づく慣習の是正に変化が見出されればと考える。

第3節　残された課題

　本書の目的は、ネパールにおいて教育開発政策として行われている女性を対象にした識字教育事業について、その経緯を整理するとともに、社会参加を促すことを念頭においた読み書きの学びを学習者の視点から質的に考察しようとするものであった。そのため、調査の主要なインフォーマントは、およそ9か月間に及ぶプログラムを修了した女性たちを対象とした。その学習経験に注目するあまり、学習後の女性たちの声を集めていくことに焦点を置いたため、実際に彼女たちがクラスで学んでいた授業風景（指導者との会話や学習者同士の会話などを含む）を分析データとして扱うことはできなかった。また、現実にはクラスを途中でやめてしまった女性たちも多数にのぼるため、学習活動をドロップアウトした女性を対象にした調査を行うことも、今後の識字教育のあり方を見出す一助につながるのではないかとする反省点が残る。

　ネパールに限った問題ではないが、開発途上国において実施される識字教育は緊急性をおびている。成人を対象に行われる識字教育は、成人の教育活動の一環であるものの、その捉えられ方は、国や社会によっても大きく異なっている。なぜなら、先進国で成人教育といえば、教養や趣味として語学を学ぶ活動も多く、その場合は生活課題に直接的に関わるものではないといえる。しかし、多くの途上国では、文字の読み書きを学ぶことを通じ、社会に参画すること、職を得ること、生活を向上させていくこと、貧困から抜け出すこと等、現在の生活状態に直接的に変化を促すことが優先課題となる。

　ここで興味深い事例を紹介する。2017年10月下旬、韓国の水原（Suwon）で開催されたCONFINTEA Ⅵ Mid-term Review（第6回国際成人教育会議・中間会議）に出席する機会を得た。The Power of Adult Learning: Vision 2030（成人教育の力：2030年に向けて）というテーマの下、各国政府関係者、国際

第7章　再考：女性が文字を学ぶこと

援助機関、民間の教育支援団体の関係者や研究者らが集い、成人教育をめぐる現状と課題について議論が交わされた。会議の骨子は、以下のような枠組みであった。

- ベレン（Belém）行動枠組みの実施状況：2009年の第6回国際成人教育会議以降の大きな進展、経験から学び、革新的な実践を確認すること。
- 成人学習と教育に関する2030年に向けたビジョンを共有すること。
- 政策、ガバナンス、資金調達、参加、包含と公平性のさらなる改善、2021年に開催予定の第7回国際成人教育会議（CONFINTEA VII）への質的向上のための戦略を展開させるために、さらなる行動へのコミットメントを強化すること。

様々な分野にわたる成人の学習と教育の広範な利益について意識啓発を行うことや知識を強化することを念頭に、2030年に向けた持続可能な開発のための教育（SDG 4）と、2030年に向けて、より広範なアジェンダを確認するものであった。

会議の2日目にはテーマごとに分かれて議論する機会があり、参加した基礎教育の分科会では、成人学習と教育における識字の定義について、下記の文書をもとに、参加者内で意見を交わす場面があった。

「識字は、成人学習と教育の重要な要素である。それは、市民が生涯学習に参加し、地域社会、職場、そしてより広範な社会に完全に参加することを可能にする学習と熟達度の連続性を伴うものである。多くの技術、情報が豊富な環境で問題を解決する能力だけでなく、印刷物や書面による資料を使用して、文字の読み書きを行い、識別し、理解し、解釈し、作成し、伝達し、計算する能力が含まれる。識字は、生命、文化、経済、社会の進化する挑戦と複雑さに対処するために人々の知識、技能、能力を構築するために不可欠な手段である。」（Recommendation on Adult Learning and Education 2015, p.7, UNESCO & UIL 2016）

成人のための識字教育の定義について、参加者で改めて再確認しようというねらいがあったものと推測される。各国からの参加者の顔ぶれは、政府を代表する行政官や国際援助機関の関係者、研究者など、識字教育に関わってきた人たちであったからだ。
　ここで特筆すべきは、アフリカや南アジア諸国からの参加者にとっては、成人の識字教育は生活を改善していくための最優先事項として扱ってもらいたいとの強い要求が提示されたことである。また、学習者にとって利点が得られなければ、識字教育は成功したとはいえないという主張がなされた。さらに、識字教育を事業として充実させていくには、指導者の育成に向けた研修事業が必要であり、そのためには国際的な枠組みで資金援助も欠かせないという意見がなされた。知識基盤社会と言われる今日、グローバリゼーションの下でこれまで以上に社会の動きも急激に変化している。それだけに、読み書きができない成人は社会の変化についていけないとの指摘があり、説得力のある見解が交わされた。その結果、分科会の会場は、途上国で識字教育に関わる人々と国際援助機関や先進国の関係者との間に大きな溝があるかのような雰囲気に包まれてしまった。つまり、基礎教育活動を成人の学習、教育活動として取り組んでいくことについて、先進国では生涯学習の一環として位置づけられ、そこに緊迫した雰囲気は感じられないが、開発途上国では識字教育を事業として行うことは、経済的に生活の向上を求める上での学習活動という視点に立つものである。学習者の利点が明確に提示される活動でなければ成功しないという声が強く聞かれることとなった。
　翻って、読み書きの学びを必要としているネパール女性たちの言葉を思い起こすと、「これ（識字教育）をやって何かいいことがあるの？」「読み書きを覚えていくらになる？　いくらにもならないでしょう？」「いくら儲かるの？」と問いかけられたことは一度だけのことではなかった。学ぶ時間があれば、稼ぐ必要があるということであり、それほど、困窮した生活状態にあるということを物語っている。
　しかし、本書で提示したインタビューの記録（第5章と第6章）にもあるよ

第7章　再考：女性が文字を学ぶこと

うに、文字の読み書きを学んだ女性たちは「お金にならない」活動であっても、実際に、学習に参加したことについて、後悔をしている者は一人もいなかった。受け止め方は決して一様ではなかったが、学習活動を終えた後、「自分も何かしたい」という想いを募らせていた女性が多かったことからも、識字クラスでの経験が我が身を振り返る機会になったことに違いはない。その意味で、本書で事例としたネパール女性らの学びは、学習後に即時的に変化を求めるものではなく、彼女らの心を揺さぶる契機となった実践であったことに他ならない。社会参加を促す成人期の女性の学習活動の事例として、意義深く捉えていきたいと考える。

おわりに

　本書は、ネパールの女性を対象に教育開発政策の枠組みの下で実施される識字教育について、女性が文字を獲得することを通して、社会参加をめぐる様相を質的に問い直すことを試みたものである。

　冒頭でも述べたように、筆者とネパールとの関わりは、1990年の国際識字年に関連し、アジアの識字教育の現状を見学する機会を得たことが発端となっている。今では、調査地という位置づけではなく、人間の多様な生き方やものの見方を提示してくれる「計り知れないフィールド」となっている。また、初めての訪問から今日に至るまで、筆者を取り巻く環境も大きく変化したことも記しておかなければならない。それは、人の生涯には様々な出来事が生じるが、筆者においても結婚、出産、育児という、いわゆるライフ・イベントを経験することになった。とりわけ、女性にとって出産とはその他に比して大イベントとされるが、子どもを持つ立場になったことで、調査地で出会うネパール女性たちとも自然に会話が弾むこともあった。女性たちとは、まったく異なる社会背景の中で生活を送っているものの、子育てをめぐり類似する経験があることや、食事の作り方などを通して共通点に気づいたりし、互いに意見することに面白さを抱くことになっていった。また、日々の生活の中で彼女たちが「女性の仕事」と称する様々な実践について話を重ねる中で、彼女たちが子どものことを想う気持ちや家族について考える姿に、次第に共感する部分が増していくことを意識するようになっていった。女性たちからは、「小さな子どもがいるのに、よく（ネパールまで）やって来たね」、「家族は？　夫は？　何も言わなかったの？」と聞かれたことも多々あり、最終的には、女性が単身で外国を訪ねることは、「外国人だから仕方が無い」という扱いになってしまう。

　しかし、日本社会において女性の社会参加とは充実したものといえるだろうか。女性の社会進出や労働環境という側面については、残念ながらアジア諸国の中でも下位に位置づけられている。子どもを持つ既婚女性が単身で外国を訪

問したり、出張のために家を留守にすることに理解を得られる環境が整っているのかと問われれば、答えはNoであろう。断定することはできないが、このような問いは、男性であれば問われることはない（少ない）のではなかろうか。その意味で、他の多くの女性が抱いてきた（いる）難題に格闘しながら、細々と研究活動を続けてきたことになる。

　ところで、もうすぐ3年を迎えることになるが、2015年4月25日、カトマンドゥ盆地を中心に発生した大地震（M7.9）が、多くの死傷者や歴史的建造物の倒壊等、甚大な被害をもたらしたことは人々の記憶に新しい。ヒマラヤ山脈の麓に位置するこの国は、かねてから近い将来に大規模な地震の発生が予知されていた。専門家らによる科学的根拠に基づいた災害への対策が指摘されていたが、防災への対策は着手されることなく、大地震はカトマンドゥ盆地を直撃する大惨事となってしまった。かつて識字教育に取り組んだラリプール郡ブングマティ村（ブングマティ村については、第6章第3節参照）はラリプール郡の中でも被害が大きく、村落の8割強の家屋が崩壊してしまった。ネワール族特有のレンガ造りの民家は跡形も無く、畑の横にトタン屋根の仮設住居が並ぶ光景から、他の地域の人々からは「スラムのような村」とまでいわれるようになってしまっている。

　大震災後の村人への聞き取り調査の過程で、興味深いエピソードを耳にすることになった。ブングマティ村は、カトマンズ盆地で毎年、春に行われる「マッチェンドラナート祭」（雨乞いの祭り）に使用される山車の管理を担う人々が多く暮らす村としても知られている。村人の多くは、数日前から街を練り歩く山車の準備をしていたという。特に、2015年はブングマティ村から山車が出発するという12年に一度の記念すべき年であり、人々の気持ちも高まっていた。しかし、スタートとしてすぐに山車が動かなくなり、止まってしまったのであった。大地震発生の前日のことであったという。

　この出来事について、村人の多くは、「大地震が発生したのは神様の怒りである」「何か罰が当たったのではないだろうか」と真剣に議論をしていた。その姿から、自然災害からの復興についても、「神」や「信仰心」に大きく委ね

おわりに

ていることが伝わってきた。同時に、災害に対する村人たちの素朴な想いについて、単純には軽視することのできないメッセージを突きつけられたような想いに至ったのである。なぜなら、今日の高度に発達した科学技術により、地震が生じるメカニズムを学ぶことや予知を行うことにより、防災に向けた様々な活動が展開されている。しかし、M7.9という規模の大地震により数多くの家屋が倒壊し、壊滅的な被害を受けたにもかかわらず、村人たちの多くは「神の怒り」と捉えていたのである。彼らにとって、今日の科学技術を駆使した地震を予知するメカニズムや知識などは関係の無いことであり、まったく異なる世界の中で生

●ブングマティ村の山車（筆者撮影）

活を送っていることになる。そのため、科学的根拠に基づいた知識など、かえって必要のないものに映ってしまうのである。同時に、自然災害に対し、人間ができることはあまりに小さく、無力なものにすぎないのかもしれないが、このような時こそ、女性たちが取り組んだ共同学習の経験を活かし、生活の再建に向けた手立てについて、共に考えていくことの必要性を痛感した次第である。

　また、ジェンダーの視点から大震災の被害について考慮すれば、被害は結果として不均衡に人々に影響を与え、特に貧困層の女性に大きく負担がのしかかることになっている。大震災からの復興を目指す取り組みとしても、読み書きの学びは不可欠であり、かつ、防災という観点からも情報へのアクセスを促進することはこれまで以上に重視されよう。復興への道のりは決して容易ではないが、本書が文字を獲得することを求める人々、そして、女性たちが社会の中で自信を持って行動することの必要性を提起する一助となれ

ば、望外の喜びである。

　成人の読み書き学習が必要な国や社会は、開発途上国に限定されるものではないことも述べておかなければならない。経済大国と位置づけられる日本においても、今日、義務教育を充分に受けることができず、ひらがなを充分に書くことができない人たちが12万人にもおよぶといわれている。これまで、日本は識字率がほぼ100％といわれ、日本語の読み書きに困る人はもはや存在しないとまでいわれてきたことからすると、多くの人は驚きを禁じ得ないであろう。日本政府は2016年12月に成立した「義務教育の段階における普通教育に相当する教育の機会の確保等に関する法律」を踏まえ、就学の機会の提供等、夜間中学校の設置や実態調査に向けて動き出している。

　本書では、開発政策における識字教育について、ネパール女性の社会参加を促進する学習活動という観点から論じてきたが、私たち人間にとって基礎教育の必要性を考慮する時、「学ぶこと」に年齢や性別、また、国籍等は関係なく、広く社会の問題であるということへのさらなる理解を問いかけていくことが求められていると考える。本書では充分に論じることができなかった部分もあり、すべては筆者の責任である。反省点を踏まえつつ、今後も生涯学習の観点からノンフォーマルな学習活動の重要性について研究を深めていきたい。

　本書をまとめるにあたり、本研究に取り組み始めた頃の日々や大学院時代の数々のエピソードを改めて思い出すこととなった。筆者の拙い文章の手直しに始まり、研究上の分析の視点について厳しい指摘をいただいたことは、今でも心に残っている。ここで、ご指導いただいた先生方、調査の過程で助言、支援をいただいたすべての方々のお名前を挙げるべきではあるが、あまりに多すぎる。しかし、大学院修士課程でご指導いただいた吉田敦彦先生、木村涼子先生、博士課程への進学についてご助言をいただいた柳父立一先生、そして、大学院博士課程でご指導いただいた平沢安政先生、筆者が東京に転居してからも研究活動について貴重なメッセージを寄せて下さる立田慶裕先生には、心より御礼申し上げたい。

　また、刊行にいたるまでのプロセスにおいて数々の適切なアドバイスをいた

おわりに

だいた明石書店の安田伸氏には、深く御礼申し上げる。筆者の遅々とした執筆作業に対し、適宜、貴重なコメントをいただけたことで、ようやく形にすることができたといえる。

　最後に、家族の支えがなければ、研究活動を継続することは、到底困難であった。最大の協力者となってくれた両親をはじめ、夫、輿石英樹、そして、いつも明るく励ましてくれる息子、健太朗には、心より感謝の意を表したい。

2018年1月末

長岡　智寿子

　本書は、2004年に大阪大学大学院人間科学研究科に提出した博士論文「ネパールの識字教育の展望：女性たちの立場性における質的考察を踏まえて」の他、下記の文献を踏まえ、大幅に加筆、修正を行ったものである。

初出一覧
- NAGAOKA, Chizuko (ed.) (2017) Our memory and experience Gorkha Earthquake on 25th April 2015, SEFU.
- 長岡智寿子 (2016)「共に学び合う防災教育の必要性：ネパール大地震からの復興に向けて」『国立教育政策研究所紀要』第145集、155-167頁。
- 長岡智寿子 (2015)「ネパールにおける女性のためのノンフォーマル教育：ラジオ放送を活用したリテラシープログラム展開の事例研究」『TOAFAEC 東アジア教育研究』第20号、196-206頁。
- NAGAOKA, Chizuko & KARKI, Manohar (2014) "Using Community Radio in a Rural Women's Post-literacy Programme in Nepal", *Journal of Learning for Development-JL4D*, Vol.1, No.2
- 長岡智寿子 (2007)「女性、識字と開発：ネパールの女性たちの活動の事例」『日本社会教育学会紀要』第43号、51-60頁。
- 長岡智寿子 (2005)「生活世界に基づいた学びの実践：ネパールにおける女性たちの

読み書きの学びを手がかりにして」日本社会教育学会（編）『グロバリゼーションと社会教育・生涯教育（日本の社会教育 第49集）』東洋館出版社、113-125頁。
・長岡智寿子（2005）「ネパールの教育開発政策の現状と課題：ノン・フォーマル教育の重要性に注目して」『大阪大学大学院人間科学研究家紀要』第31巻、279-299頁。
・長岡智寿子（2005）「開発途上国における識字教育の今日的課題」『神戸親和女子大学教育研究センター紀要』創刊号、59-65頁。

　本書の刊行は、平成27年〜平成29年度科学研究費基盤研究（c）「ネパールにおける農村女性の社会参加をめぐる実証的研究」により行うものである。
　また、本書に収録した研究成果は、下記の研究助成を受けて行ったことを記しておく。研究活動に取り組むにも、このような研究助成がなければ実施することは不可能であった。この場を借りて、心より御礼申し上げる。

・メディア総合研究所　2008年度研究助成　「メディアを活用した社会開発の展開に向けて−ネパールにおけるラジオ放送活用の調査分析−」
・公益財団法人三島海雲記念財団　2008年度学術研究奨励賞　「グローバル化する社会におけるマイノリティの社会参加の様相：ネワール女性のローカルリテラシーとその政治経済的効用に注目して」
・公益財団法人トヨタ財団　2009年度研究助成プログラム　「村の女性に文字は必要か？：ネパールにおけるコミュニティラジオ放送活用の学習プログラム研究」

引用・参考文献

ACCU (1996) *Preparation of Literacy Follow-Up Materials for Adults in Rural Areas in Asia and the Pacific*, report of workshop, Japan, ACCU.
足立明 (1993)「開発の語りと農民」『総合的地域研究』1 (3)、18-20頁。
足立明 (1995)「開発現象と人類学」米山俊直 (編)『現代人類学を学ぶ人のために』世界思想社、119-136頁。
アンダーソン, ベネディクト (1997)『増補版 想像の共同体：ナショナリズムの起源と流行』白石さや・白石隆 (訳)、NTT出版。
荒木美奈子 (1998)「コミュニティー・エンパワーメント」久木田純・渡辺文夫 (編)『エンパワーメント・人間尊重社会の新しいパラダイム (現代のエスプリ no.376)』至文堂、85-97頁。
Archer, D. & Sara Cottingham (1996) *The Reflect Mother Manual: A New Approach to Adult Literacy*, Actionaid.
Association of Communication Radio Broadcasting, Nepal (2008) *Community Radio In Nepal: Legal Provisions and Requirements*.
Barton, D., Hamilton, M. & Ivannic, R. (2000) *Situated Literacies Reading and Writing in Context*, Routledge.
Bista, D.B. (1991) *Fatalism and Development: Nepal's Struggle for Modernization*, Orient Longman.
Bista & Tandukar (2009) *Community Radio Vol.3*, Communication Radio Broadcasting Association Nepal.
Bajracharya, B.R., Bakshi, S.R. & Sharma, S.R. (1993) *Democracy and Economic Development In Nepal*, Anmol Publications Pvt. Ltd.
Bouley, Storey & Sood (2002) "Indirect Exposure to a Family Planning Mass Media Campaign Nepal", *Journal of Health Communication*, Vol.7, pp379-399.
部落解放・人権研究所 (編) (2001)『部落の21家族：ライフヒストリーからみる生活の変化と課題』解放出版社。
Bhutia and Martin (2007) *Forging Innovation: Community Multimedia Center in Nepal*, UNESCO.
Central Bureau of Statistics, HMG (1998) Nepal Living Standard Survey Report.
――― (2001) Statistical Year Book of Nepal 2001.

―――― (2004) *Statistical Year Book of Nepal 2004*.
―――― (2011) *Statistical Year Book of Nepal 2011*.
―――― (2014) *Population Monograph of Nepal 2014*.
CERID (1992) *Education and Development 1991-1992*, Tribhuvan University.
―――― (1994) *Non-formal Education Policy Direction for National Development*, Tribhuvan University.
―――― (1995) *Profile of Non-formal Education Organization/Study Report*, Tribhuvan University.
―――― (1996) *An Inquiry Into The Causes of Decline Adult Participation In NFE Literacy Program*, Tribhuvan University.
―――― (1997a) *Raising Awarness on Importance of Non-Formal Education through Mass Media*, Tribhuvan University.
―――― (1997b) *Impact Study of Adult Education in Nepal*, Tribhuvan University.
―――― (1998a) *Development of Share Vision on Non-formal Education through NFE Resource Center*, Tribhuvan University.
―――― (1998b) *Literacy for Empowerment, A Report of Workshop to prepare reading materials for neo-literate Women and Dalits of Nepal*, Tribhuvan University.
―――― (1998c) *Education and Development*, Tribhuvan University.
―――― (1998d) *Trends, Issues and Policies of Education in Nepal*, Tribhuvan University.
―――― (1998e) *Reaching the Unreached: Innovation Strategies for Providing Access to Basic Education to Out of School Children*, Tribhuvan University.
―――― (1999) Social Development and INGOs Activities.
―――― (2000) Education For All Year 2000 Assessment, Nepal Country Report, Community Development Service Association.
CERID & Dr. Bidya Nath Koirara (1998) *Participatory Approach to Education for Dalits of Nepal*, Tribhuvan University.
チェンバース，ロバート (1995)『第三世界の農村開発：貧困の解決－私たちにできること』穂積智夫・甲斐田万智子（監訳）、明石書店。
チェンバース，ロバート (2001)『参加型開発と国際協力：変わるのはわたしたち』野田直人・白鳥清志（監訳）、明石書店。
Chandra, R. (2003) *Encyclopaedia of Education in South Asia*, vol.9, Kalpaz

Publications.

Comings, J.P., Shrestha,C.K. & Smith,C. (1992) "A Secondary Analysis of a Nepalese National Literacy Program", *Comparative Education Review*, Vol.36, No.2, pp.212-226.

Comings, J.P. & Shrestha, C.K. (1995) "Literacy Skill Retention in Adult Students in Development Countries", *International Journal of Educational Development*, Vol.15 (1), pp.37-45.

Crowther, J., Hamilton, M. & Tett, L. (eds.) (2001) *Powerful Literacies*, NIACE.

Devendra Raj Panday (1999) *Nepal's Failed Development Reflections on the Mission and The Maladies*, Nepal South Asia Center.

Dixon, J. & Tuladhar, S. (1996) *Whole Language Action-Learning Manual: A Guide for Literacy Practitioners*, The Literacy Linkage Program, CERID.

ドーア, R.P. (1970)『江戸時代の教育』松居弘道（訳）、岩波書店。

デュモン, ルイ (1997)『インド文明とわれわれ』竹内信夫・小倉泰（訳）、みすず書房。

―――― (2001)『ホモ・ヒエラルキクス：カースト体系とその意味』田中雅一・渡辺公三（訳）、みすず書房。

EFA Global Monitoring Team (2006) *Education for All Global Monitoring Report 2006*, UNESCO.

EFA Global Monitoring Team (2015) *Education for All Global Monitoring Report 2015*, GENDER and EFA 2000-2005：ACHIEVENTS AND CHALLENGES, GENDER SUMMARY, UNESCO.

Freire, P. & Macedo, D. (1987) *Literacy Reading the Word and the World*, Bergin & Garvey.

フレイレ, パウロ (1979)『被抑圧者の教育学』小沢有作・楠原彰・柿沼秀雄・伊藤周（訳）、亜紀書房。

Gautam, Rajesh & Ashoke K. Thapa-Magar (1994) *Tribal Ethnography of Nepal Vol.1 & 2*, Delhi: Book Faith INDIA.

Gellner, David. N. (1995) "Low Caste in Lalitpur", *Contested Hierarchies*, Clarendon Press Oxford, pp.264-297

―――― (1996) *Monk, Householder, And Tantric Priest: Newar Buddhism and its Hierarchy of Ritsual*, Cambridge University Press.

Gellner, David. N., Joanna Pfaff-Czarnecha & John Whelpton (eds.) (1997)

Nationalism and Ethnicity in a Hindu Kingdom: The Politics of Culture in Contemporary Nepal, Harwood, Amsterdam.
ゲルナー，アーネスト（2000）『民族とナショナリズム』加藤節（監訳）、岩波書店。
Global Education Monitoring Report 2016, Gender Review, UNESCO.
Government of Nepal, Ministry of Education & Sports Non-formal Education Center (2007) *Non-Formal Education Policy.*
Government of Nepal, Ministry of Education & Sports Non-formal Education Center (n.d.) *Mahilako Siddhalta Pustaka.*
Government of Nepal National Planning Commission Secretariat Central Bureau of Statistics (CBS) (2012) National Population and Housing Census 2011, National Report.
Government of Nepal Ministry of Education, Non-Formal Education Center, Sanothimi, Bhaktapur, Nepal (2016) *Non-formal Education in Nepal: Status Report 2015-16.*
グレイザー，B・G／ストラウス，A・L（1996）『データ対話型理論の発見：調査からいかに理論をうみだすか』後藤隆・水野節夫・大出春江（訳）、新曜社。
ハーゲン，トニー（1990）『ネパール：The Kingdom in the Himalayas』町田靖治（訳）、白水社。
HMG Ministry of Education, The Master Plan Team (1997) The Basic and Primary Education Master Plan for 1997-2002.
HMG Ministry of Education (1999) Basic and Primary Education Program (BPEP Ⅱ) 1999-2004.
——— (1997) Educational Statistics of Nepal 1997.
——— (1999) Educational Statistics of Nepal 1997.
HMG National Planning Commission Nepal (1956) The1st Plan.
——— (1992) The 8th Plan.
——— (1997) The 9th Plan.
——— (2002) The 10th Plan.
HMG, Ministry of Education (2016) Education in Figure, At a Glance 2016.
Holem, Karmacharya & Mayo (1993) "Radio Education in Nepal", Hilary Perraton (ed.) *Distance Education for Teacher Training*, Routledge, pp.136-195.
Hutt, M.J. (1988) *Nepali: A National Language its Literature*, Stering Publishers Praivate Limited New Delhi.

引用・参考文献

平沢安政（1993）「ニューリテラシーの理論」マイケル・W. アップル・池田寛・長尾彰夫（編）『学校文化への挑戦：批判的教育研究の最前線』東信堂、133-162頁。
Höfer, A. (1979) *The Caste Hierarchy And The State In Nepal: A Study of Muluki Ain of 1854*, Himal Books.
ILCAA（1994）*Nepal: Development & Change In A Landlocked Himalayan Kingdom*.
石井溥（1980）『ネワール村落の社会構造とその変化：カースト社会の変容』東京外国語大学アジア・アフリカ言語文化研究所。
─── （編）（1986）『もっと知りたいネパール』弘文堂。
─── （1997a）「家族、親族、婚姻、「カースト」：ネパール、ネワールからの考察」青木保［ほか］（編）『岩波講座 文化人類学＜第4巻＞個からする社会展望』岩波書店、61-96頁。
─── （編）（1997b）『ネパール：暮らしがわかるアジア読本』河出書房新社。
─── （1998）「ネパールの村落調査とカースト・システム」『国際基督教大学学報. III-A, アジア文化研究所別冊』第8号、21-42頁。
─── （2001）「世界の動きと民衆生活：ネパール村落社会の人の移動を中心として」小谷汪之（編）『現代南アジア＜5＞社会・文化・ジェンダー』東京大学出版会、261-276頁。
Ishii, Hiroshi (ed.) (1994) *Nepal: Development & Change In A Landlocked Himalayan Kingdom*, ILCAA.
井上恭子（1986）「政治」石井溥（編）『もっと知りたいネパール』弘文堂、58-72頁。
Jana Utthan Pratisthan (2001) Dalit in Nepal and Alternative Report for WCAR-2001.
ジェルピ, エットーレ（1983）『生涯教育：抑圧と解放の弁証法』前平泰志（訳）、東京創元社。
Karan, P.P. & Ishii, H. (1996) *Nepal: A Himalayan Kingdom in Transition*, ILCAA.
春日キスヨ（1995）「フェミニスト・エスノグラフの方法」『ジェンダーの社会学（岩波講座・現代社会学11）』岩波書店。
菅野琴・西村幹子・長岡智寿子（編）（2012）『ジェンダーと国際教育開発：課題と挑戦』福村出版。
Khanal Rabindra (2001) *Democracy In Nepal Challenges and Prospects*, Smriti Books.
菊池久一（1995）『＜識字＞の構造：思考を抑圧する文字文化』勁草書房。

久木田純(1998)「エンパワーメントとは何か」久木田純・渡辺文夫(編)『エンパワーメント:人間尊重社会の新しいパラダイム(現代のエスプリno.376)』至文堂、10-34頁。

小林茂(1998)「ネパールの低開発と知識人:D.B.ビスタ氏『運命論と開発:近代化にむけたネパールの闘い』をめぐって」『比較社会文化』第4号、49-64頁。

国連開発計画(UNDP)(2003)『人間開発報告書2003:ミレニアム開発目標(MDGs)達成に向けて』国際協力出版会。

国連識字の10年　http://blhrri.org/kokusai/un/un_0018.htm

小谷汪之(1996)『不可触民とカースト制度の歴史』明石書店。

─── (編)(2002)『現代南アジア＜5＞社会・文化・ジェンダー』東京大学出版会。

Lalitpur Sub-Metropolitan City, Lalitpur, Nepal (2000) *A Base Line survey of Lalitpur Sub-Metropolitan City with special emphasis to poverty situation*.

Little, A., Hoppers, W. & Gardner, R. (1994) *Beyond Jomtien: Implementing Primary Education for All*, Macmillan.

Longewe, S. (1998) "Education for women's empowerment or schooling for women's subordination?", *Gender, Education and Training*, Oxford.

マクルーハン，マーシャル(1986)『グーテンベルグの銀河系:活字人間の形成』森常治(訳)、みすず書房。

Malnali (2002) *Radio Pleadge*, Community Radio Support Center/NEFEJ.

─── (2008) *Community Radio Principles & Prospects*, Community Radio Support Center/NEFEJ.

Martin Chautari (2012) *The Need for a Citizen-oriented Radio Policy*, Policy Paper, no.7, December.

Maskay, Bishwa Keshar (1998) *Non-Govermental Organizations in Development - Search for a New Vision*, Center for Development and Governance, Kathmandu Nepal.

南真木人(1997)「開発一元論と文化相対主義:ネパールの近代化をめぐって」『民族学研究』62(2)、227-243頁。

箕浦康子・野津隆志(1997)「タイ東北部農村の子どもの生活世界と学校:高度経済成長期にみる文化プロセス」『東京大学大学院教育学研究科紀要』第37巻、31-44頁。

宮島喬(編)(1995)『文化の社会学:実践と再生産のメカニズム』有信堂高文社。

宮島喬(1999)『文化と不平等:社会学的アプローチ』有斐閣。

森実(1991)「リテラシー研究の動向と課題」『国際識字10年と日本の識字問題(日本

の社会教育 第35集)』日本社会教育学会(編)、東洋館出版社、38-48頁。

茂呂雄二(1988)『なぜ人は書くのか』東京大学出版会。

モーザ, キャロライン(1996)『ジェンダー・開発・NGO:私たち自身のエンパワーメント』久保田賢一・久保田真弓(訳)、新評論。

中谷文美(1997)「『女性』から『ジェンダー』へ、そして『ポジショナリティ』へ:フェミニスト人類学の系譜」青木保[ほか](編)『岩波講座 文化人類学＜第4巻＞個からする社会展望』岩波書店、225-253頁。

長岡智寿子(2000a)「リテラシー研究の現状と課題」『大阪大学教育学年報』第5号、169-183頁。

――― (2000b)「ネパールの教育開発における一考察」『ヒマラヤ学誌』第7号、127-142頁。

――― (2000c)「開発のパートナー＝NGOの動向:ネパールにおける教育開発の事例をもとに」『アジア教育研究報告』第2号、31-54頁。

――― (2002)「ネパールの成人識字教育の学習者を取り巻く状況の一考察:カースト社会のコンテクストにおいて」『大阪大学教育学年報』第7号、245-258頁。

長岡智寿子(2005)「ネパールにおける教育開発政策の現状と課題―ノン・フォーマル教育に注目して―」『大阪大学大学院人間科学研究科紀要』第31巻、279-299頁。

長岡智寿子(2007)「女性、識字と開発:ネパールの女性たちの活動の事例」『日本社会教育学会紀要』第43号、51-60頁。

Nagaoka, Chizuko (2002) "A Critical Perspective of Non-fomal Education in Nepal", *Lifelong Education & Laibraries*, Graduate School of Education Kyoto University, Vol.2, pp.107-117.

Nagaoka & Karki (2014) "Using Community Radio in a Rural Women's Post-literacy Programme in Nepal", *Journal of Learning for Development- JL4D, Vol.1, No.2*,.

名和克郎(1997)「カーストと民族の間」石井溥(編)『アジア読本 ネパール』河出書房新社、46-54頁。

西義郎(2000)「ヒマラヤ地域のチベット・ビルマ系言語研究の動向:回想と現状」『国立民族博物館研究報告』第25巻第2号、203-233頁。

西澤憲一郎(1985)『ネパールの歴史:対インド関係を中心に』勁草書房。

――― (1987)『ネパールの社会構造と政治経済』勁草書房。

Nepal South Asia Center (1998) *Nepal Human Development Report*, Oxfrod Univrsity Press.

ニューマン, アナベル(1998)『読み書きの学び:成人基礎教育入門』平沢安政・岩槻

知也（監訳）、解放出版社。
日本ネパール協会（編）(2000)『ネパールを知るための60章』明石書店。
大阪大学人間科学部社会教育論講座・教育計画論講座 (1981)『マイノリティの教育問題研究：アメリカにおける最近の動向』。
岡真理 (2000)『彼女の「正しい」名前とは何か：第三世界フェミニズムの思想』青土社。
O'Neill, T. (1994) Peoples and polity: Ethnography, ethnicity and identity in Nepal.
Onta (2006) *Mass Media in Post 1990 Nepal*, Martine Chautari.
Oxemham, J. (1980) *Literacy: Writing, reading and social organization*, Routledge.
Parajulee, Shekhar (2007) "Seven Decades of Radio Listening in Nepal", *Westminster Papers in Communication and Culture*, Vol.4, pp.52-67.
POPULATION EDUCATION & HEALTH RESEARCH CENTER (P) Ltd., NEPAL POPULATION REPORT 2016.
Pringle and Subba (2007) *Ten Years On: The State of Community Radio In Nepal*, A report prepared for UNESCO.
Ramadas, Lalita (1994) "Women & Literacy : Quest for Justice", *Challenge & Issues for Debate*, Unesco, pp.11-22.
Rana, Pashupati Shumshere J.B. & Dhungel Dwarika Nath (1988) *Contemporary Nepal*, Vikas Publishing House Pvt. Ltd.
Robinson-Pant, A. (1995) Literacy in Nepal Education for Development Occational Papers Series I Number1.
――― (2000) "Women and Literacy: A Nepal Perspective", *International Journal for Education and Development*.
――― (2001) *Why Eat Green Cucumber at The Time of Dying ? - Exploring The Link Between Women's Literacy and Development: A Nepal Perspective*, UNESCO Institute for Education.
――― (2004) *Women's Literacy Perspective in Development*, Routledge.
Rogers, A. (2001) "AFTERWORD Problematising literacy and Development", Brain Street (ed.) *Literacy and Developemt*, Routledge, pp.205-222.
ロストウ，W.W.(1961)『増補 経済成長の諸段階：一つの非共産主義宣言』木村健康・久保まち子・村上泰亮（訳）、ダイヤモンド社。
サイード，エドワード・W.(1979)『オリエンタリズム（上・下）』今沢紀子（訳）、平凡社。

斎藤千宏（編）(1998)『NGOが変える南アジア：経済成長から社会発展へ』コモンズ。
佐藤郁哉（1992）『フィールドワーク：書を持って街へ出よう』新曜社。
佐藤誠（編）(1996)『地域調査研究法を学ぶ人のために』世界思想社。
佐藤千寿・神馬征峰・村上いづみ（1999）「成人識字教育をエントリー・ポイントとしたコミュニティー・エンパワーメント」『国際協力研究』Vol.15, No.1、19-31頁。
佐藤寛（編）(1996)『援助研究入門：援助現象への学際的アプローチ』アジア経済研究所。
佐藤俊樹（1996）『ノイマンの夢・近代の欲望：情報化社会を解体する』講談社選書メチエ。
Scribner, S. & Cole, M. (1981) *The Psychology of Literacy*, Cambridge University Press.
関根久雄（2001）『開発に向き合う人びと：ソロモン諸島における「開発」概念とリーダーシップ』東洋出版。
関根康正（1995）『ケガレの人類学：南インド・ハリジャンの生活世界』東京大学出版会。
――― (2002)「文化人類学における南アジア」長崎暢子（編）『現代南アジア＜1＞地域研究への招待』東京大学出版会、91-127頁。
セン，アマルティア（1999）『不平等の再検討：潜在能力と自由』池本幸生・野上裕生・佐藤仁（訳）、岩波書店。
シャルマー，プラヤーグ・ラージ（1986）『ネパールの文化と社会：歴史的潮流に関する考察』東京外国語大学アジア・アフリカ言語文化研究所。
Shrestha, C.K. (1993) *A Study on the Supply and Demand for Non formal Education in Nepal*, World Education, Kathmandu.
Shrestha, Kedar. N. (1982) *Educational Experiments in Nepal*, Institute of Education Tribhuvan University.
清水昭俊（1992）「永遠の未開文化と周辺民族：近代西欧人類学史点描」『国立民族博物館研究報告』17 (3)、417-488頁。
Stephen, L. Mikesell (1999) *Class, State, and Struggle in Nepal*, Manohar.
Storey, Bouley, Karki, Heckert & Kharmacharya (1999) "Impact of the Integrated Radio Communication Project in Nepal, 1994-1997", *Journal of Health Communication*, Vol.4, pp.271-294.
Street, B.V. (1984) *Literacy in Theory and Practice*, Cambridge University Press.
――― (1995) *Social Literacies: Critical Approach to Literacy in Development,*

　　　　 Ethnography and Education, Pearson Education Limited.
――― (2001a) "Contexts for literacy work: the 'new orders' and the 'new literacy studies'", *Powerful Literacy* edited by Jim Crowther, Mary Hamilton & Lyn Tett, NIACE, pp.13-22.
――― (2001b) *Literacy and Development: Ethnographic Perspectives*, Routledge.
Stuckey, J.E. (1991) *The Violence of Literacy*, Boynton/Cook Publishers Heinemann Portsmouth, NH.
スタッキー, J.E. (1995)『読み書き能力のイデオロギーをあばく：多様な価値の共存のために』菊池久一（訳）、勁草書房。
Subba and Mainali (2008) *Community Radio Strategic Planning Manual*, Community Radio Support Center/NEFEJ.
竹中千春（2002）「ジェンダー研究と南アジア」長崎暢子（編）『現代南アジア＜1＞地域研究への招待』東京大学出版会、237-255頁。
田中研一（1989）『ネパールの学校教育に関する情報集』青年海外協力隊、国際協力事業団。
――― (1997)「カースト社会に生きる」栗原彬（編）『講座 差別の社会学＜3＞現代世界の差別構造』弘文堂、329-345頁。
田中由美子・大沢真理・伊藤るり（編）（2002）『開発とジェンダー：エンパワーメントの国際協力』国際協力出版会。
谷富夫（編）（1996）『ライフヒストリーを学ぶ人のために』世界思想社。
谷口佳子（1997）「『開発と女性』における労働とエンパワーメント」川田順造［ほか］（編）『岩波講座 開発と文化＜3＞反開発の思想』岩波書店、231-250頁。
玉置泰明（1992）「開発と文化相対主義」西村文夫・渡辺慶子（編）『現代のナショナリズム』北樹出版、151-213頁。
――― (1995)「開発と民族の未来」合田濤・大塚和夫（編）『民族誌の現在：開発・近代・他者』弘文堂、88-106頁。
Tamang, Seira (2002) *The Politics of 'Developing Nepali Women'*. In State of Nepal, edited by Kanak Mani Dixit and Shastri Ramachandraran, 161-175. Kathmandu: Himal Books.
トムリンソン, ジョン（2000）『グローバリゼーション：文化帝国主義を超えて』片岡信（訳）、青土社。
The Bureau of Publication College of Education (1956) Education in Nepal: Report of the Nepal National Education Planning Commission.

The High Level National Education Commission, Nepal (1999) The Report of The High Level National Education Commission 2055 (1998-1999).

富永健一 (1996)『近代化の理論：近代化における西洋と東洋』講談社学術文庫.

月原敏博 (2002)「ネパールにおける畜産業の近代化とカースト・システム」日本地理学会 公開シンポジウム (2002年9月28日：金沢大学 於) 発表資料.

Tuladhar, S.K. (1999) "Main Trends and Issues on Nonformal Education", *Education and development*, CERID, Tribhuvan University, pp.136-151.

豊田俊雄 (1998)『発展途上国の教育と学校』明石書店.

上村千賀子 (2000)「『ジェンダーと開発』のグローバリゼーション」『教育社会学研究』第66集、67-78頁.

上野千鶴子 (2002)『差異の政治学』岩波書店.

内海成治 (1995)「開発と教育」『国際協力概論：地球規模の課題』国際協力事業団、52-91頁.

───── (1998)「国際協力論の試み：DAC新開発戦略をめぐって」『大阪大学人間科学部紀要』第24号、165-194頁.

UMN (1999) Non-Formal Education Support Office and Book Project Annual report.

───── (2000) Yala Urban Health Programme Detailed Plan with Targets & Indicators 2057/58 (1999/2000).

UNESCO (1994) The Challenge of Illiteracy: From Reflection to Action.

UNESCO (1991) *World Education Report 1991*, UNESCO.

UNESCO APPEAL (1998) Basic Education for Empowerment of The Poor.

Unesco Kathmandu (2011) *Unesco Country Programming Document for Nepal 2011-2013*.

Unesco Kathmandu (2015) Literacy for All in Nepal, Fact Sheet.

UNESCO office in Kathmandu (2015) Education foe All National Review Rport 2001-2015.

UNESCO &UIL (2016) Recommendation on Adult Learning and Education 2015.

UNICEF & NPC, HMG (1992) Children and Women of Nepal: A Situation Analysis.

───── (1996) Analysis of Children & Women Situation in Nepal.

World Education (1991) The Nepal National Literacy Program.

───── (2002) A Longitudinal Study of the Effect of Integrated Literacy and Basic Education Programs on Women's Participation in Social and Economic Development in Nepal.

八木裕子（2003）「北インドにおける身体とジェンダー規範」小谷汪之（編）『現代南アジア＜5＞社会・文化・ジェンダー』東京大学出版会、277-293頁。

山本勇次（2001）「ネパールの民主化と都市スクンバシ集落"コミュニスタ"的特徴」『立命館大学人文科学研究所紀要』第76号、190-246頁。

YUHEP (1996) *Community Development Health Project Urban Sector Annual Report*, UMN.

著者紹介

長岡 智寿子（ながおか・ちずこ）　NAGAOKA Chizuko
大阪大学大学院人間科学研究科博士後期課程修了。博士（人間科学）。
日本女子大学学術研究員。国立教育政策研究所生涯学習政策研究部フェローを経て、現職。
主な著書・論文：Chizuko NAGAOKA & Manohar KARKI（2014）"Using Community Radio in a Rural Women's Post-literacy Programme in Nepal", *Journal of Learning for Development-JL4D*, Vol.1, No.2、『ジェンダーと国際教育開発：課題と挑戦』（共編著、福村出版、2012年）、「女性、識字と開発：ネパールにおける女性たちの活動の事例」（日本社会教育学会紀要第43号、2007年）、ほか。翻訳：『世界の生涯学習：成人学習の促進に向けて』（OECD編著、立田慶裕監訳、明石書店、2010年）、ほか。

ネパール女性の社会参加と識字教育
―― 生活世界に基づいた学びの実践

2018年2月11日　初版第1刷発行

　　　　　　　　　　　　　著　者　　長岡　智寿子
　　　　　　　　　　　　　発行者　　大江　道雅
　　　　　　　　　　　　　発行所　　株式会社 明石書店
　　　　　　　　　　　　　　　　　　〒101-0021
　　　　　　　　　　　　　　　　　　東京都千代田区外神田6-9-5
　　　　　　　　　　　　　　　　　　TEL 03-5818-1171
　　　　　　　　　　　　　　　　　　FAX 03-5818-1174
　　　　　　　　　　　　　　　　　　http://www.akashi.co.jp
　　　　　　　　　　　　　　　　　　振替 00100-7-24505

組版　朝日メディアインターナショナル株式会社
装丁　明石書店デザイン室
印刷・製本　モリモト印刷株式会社

（定価はカバーに表示してあります）　　　　　　　　　　ISBN 978-4-7503-4620-5

JCOPY 〈(社)出版者著作権管理機構 委託出版物〉
本書の無断複写は著作権法上での例外を除き禁じられています。複写される場合は、そのつど事前に、(社)出版者著作権管理機構（電話 03-3513-6969、FAX 03-3513-6979、e-mail: info@jcopy.or.jp）の許諾を得てください。

世界の生涯学習 成人学習の促進に向けて
OECD編著　立田慶裕監訳
長岡智寿子、岩崎久美子、宮田緑、青山貴子訳
◎3000円

学習の本質 研究の活用から実践へ
OECD教育研究革新センター編著
立田慶裕、平沢安政監訳
◎4600円

グローバル化と言語能力 自己と他者、そして世界をどうみるか
OECD教育研究革新センター編
徳永優子、稲田智子、来田誠一郎、定延由紀、西村美由起、矢倉美登里訳
本名信行監訳
◎6800円

学びのイノベーション 21世紀型学習の創発モデル
OECD教育研究革新センター編
有本昌弘監訳　多々納誠子訳　小熊利江訳
◎4500円

図表でみる教育 OECDインディケータ（2017年版）
OECD編著
経済協力開発機構（OECD）編著　矢倉美登里、
稲田智子、大村有里、坂本千佳子、立木勝、三井理子訳
◎8600円

OECDジェンダー白書 今こそ男女格差解消に向けた取り組みを！
OECD編著　濱田久美子訳
◎7200円

移動する人々と国民国家 ポスト・グローバル化時代における市民社会の変容
杉村美紀編著
◎2700円

社会的困難を生きる若者と学習支援 リテラシーを育む基礎教育の保障に向けて
岩槻知也編著
◎2800円

批判的教育学事典
マイケル・W・アップル、ウェイン・アウ、ルイ・アルマンド・ガンディン編
長尾彰夫、澤田稔総監修
同和教育、国際理解教育から生涯学習まで
◎25000円

人権教育総合年表
上杉孝實、平沢安政、松波めぐみ編著
◎4600円

トランスナショナル移民のノンフォーマル教育 女性トルコ移民による内発的な社会参画
丸山英樹著
◎6000円

現代ネパールの政治と社会 民主化とマオイストの影響の拡大
世界人権問題叢書 92
南真木人、石井溥編著
◎5200円

開発なき成長の限界 現代インドの貧困・格差・社会的分断
アマルティア・セン、ジャン・ドレーズ著　湊一樹訳
◎4600円

グローバル時代の「開発」を考える 世界と関わり、共に生きるための7つのヒント
西あい、湯本浩之編著
◎2300円

社会調査からみる途上国開発 アジア6カ国の社会変容の実像
稲田十一著
◎2500円

開発社会学を学ぶための60冊 援助と発展を根本から考えよう
佐藤寛、浜本篤史、佐野麻由子、滝村卓司編著
◎2800円

〈価格は本体価格です〉